W0222336

LUC FERRY

MYTHOLOGIE & PHILOSOPHIE

CRÉDITS
LE FIGARO

PROJET DÉVELOPPÉ PAR LE FIGARO
Édité par :
La Société du Figaro
14 bd Haussmann - 75009 Paris - www.lefigaro.fr .
Directeur général : Marc Feuillée

Les Éditions de l'Opportun
16 rue Dupetit-Thouars - 75003 Paris
Direction édition : Stéphane Chabenat

Dépôt légal : mars 2015
Achevé d'imprimer en février 2015 sur les presses de l'imprimerie Elcograf S.p.A., via Mondadori 15, Vérone, Italie

ISBN : 978-2-8105-0708-5 (collection)
ISBN : 978-2-8105-0712-2 (volume 4)

Direction de la collection : Anne Evrard
Direction artistique : Philippe Marchand
Responsable projet : Stéphanie de Fonscolombe
Fabrication : Marion de Chalonge
Maquette : Éditions de l'Opportun
Couverture : Olo Éditions, Marion Alfano
Responsable éditoriale : Brigitte de Zélicourt
Mastering : Art & Son
Crédit photos : Gabrielle Ferry, Éditions de l'Opportun, Rue des Archives

Organisation de conférences : Sara Yalda
Production de conférences : Théâtre des Mathurins

TYPHON
ET
LES GÉANTS

LUC FERRY
MYTHOLOGIE & PHILOSOPHIE

VOLUME 1
L'*Odyssée* ou le « miracle grec »
L'histoire d'Ulysse est celle d'un homme qui va de la vie mauvaise à la vie bonne. Cette épopée, magnifique, fournira la matrice à la naissance de la philosophie en Grèce.

VOLUME 2
L'*Iliade* et la guerre de Troie
L'héroïsme grec

L'*Iliade* ne raconte pas la guerre de Troie, mais seulement quelques jours de la dernière année du conflit. Quel est alors le véritable sens de cette œuvre qui met avant tout en scène l'héroïsme grec ?

VOLUME 3
La Naissance des dieux et du monde
D'après la *Théogonie* d'Hésiode

Comme l'*Odyssée* d'Homère, la *Théogonie* d'Hésiode raconte une histoire qui va du chaos à l'harmonie. Zeus, en instaurant un ordre cosmique harmonieux, va permettre aux humains de trouver le sens de leur vie.

VOLUME 4
Typhon et les Géants
Les puissances chaotiques contre l'harmonie cosmique

Typhon, personnage essentiel de la mythologie, figure la résurgence sans cesse possible des forces destructrices du chaos, signe que l'harmonie n'est jamais gagnée pour toujours.

VOLUME 5
Prométhée et la boîte de Pandore
La naissance de l'humanité

Les dieux s'ennuient sur l'Olympe, maintenant que Zeus a instauré un ordre cosmique harmonieux. Ils demandent donc à Prométhée et Épiméthée de créer des mortels pour se distraire...

VOLUME 6
Midas contre Apollon
La bêtise menaçant le cosmos

Dominé par son avidité et sa cupidité légendaires, Midas demande à Dionysos de lui donner le « toucher d'or », ce qui va menacer l'ordre cosmique tout entier et se retourner contre lui.

VOLUME 7
Les Amours de Zeus
La naissance d'Héraclès et ses 12 travaux

Ayant besoin d'être secondé dans sa tâche du maintien de l'ordre cosmique, Zeus décide de s'unir à la mortelle Alcmène pour concevoir Héraclès, un héros qui continuera son œuvre sur terre.

VOLUME 8
Mort et résurrection d'Héraclès
La signification du tragique grec

Héraclès a dû vaincre des résurgences des forces primitives du chaos, mais il n'en est pas moins lui-même un être déchiré. Il incarne à ce titre le héros tragique, voué au malheur et à une mort atroce.

VOLUME 9
Thésée contre le Minotaure
La quête du bonheur, une illusion ?

Thésée fait partie de ces héros qui poursuivent la tâche impartie par Zeus, maintenir l'ordre cosmique face aux forces du chaos. À la différence d'Héraclès, il parviendra pendant un temps au bonheur.

VOLUME 10
Persée et la Gorgone Méduse
La mort en face

Persée tranchant la tête de la Gorgone Méduse, voilà qui a donné lieu à une très riche iconographie. Mais peut-on regarder la mort en face sans être pétrifié ? Faut-il l'oublier ou y penser chaque jour ?

VOLUME 11
Jason et la Toison d'or
Le sens de la justice

L'épopée des Argonautes en quête de la Toison d'or constitue, avec celle d'Ulysse, le récit d'aventures le plus fascinant de toute la mythologie, dévoilant aussi une certaine conception de la justice.

VOLUME 12
Dionysos, dieu de la fête
La folie au cœur de l'Olympe

Dionysos, mélange de Zeus et d'une mortelle, sorti de la « cuisse de Jupiter », est un être étrange qui incarne l'altérité sous toutes ses formes. Pourquoi alors l'avoir installé au cœur de l'Olympe, lieu de l'harmonie par excellence ?

VOLUME 13
Pyrrha, Deucalion, Noé et Gilgamesh
Les mythes du déluge

Il existe à l'origine trois grands mythes du déluge, pratiquement identiques entre eux jusque dans les détails. Mais leur même trame donne pourtant lieu à trois leçons philosophiques très différentes.

VOLUME 14
Œdipe et son complexe

Comment expliquer que le destin n'épargne personne, bons et méchants ? Telle est la question à laquelle répond d'abord le mythe d'Œdipe.

VOLUME 15
Antigone
La loi du cœur contre la raison d'État

Antigone incarne pour l'éternité la révolte de l'individu contre l'ordre établi mais, pour sympathique qu'elle soit, cette révolte est toujours vouée à l'échec dans le monde grec.

VOLUME 16
Sisyphe et Asclépios
Les mythes de la mort

Sisyphe et Asclépios, en s'attaquant à la mort, menacent de bouleverser l'ordre cosmique instauré par Zeus. L'arrogance et la démesure dont ils ont fait preuve appellent un châtiment terrible...

VOLUME 17
Orphée, Eurydice, Éros, Psyché, Déméter
Les drames de l'amour

Ces mythes de l'amour contrarié explorent les arcanes de la souffrance des héros, mais aussi les stratégies que ces derniers tentent d'inventer face à la plus douloureuse des épreuves.

VOLUME 18
Tantale, Dédale, Lycaon, Icare, Phaéton
Les mythes de l'orgueil

L'hybris est aux yeux des Grecs le péché par excellence : certains mythes, dont l'interprétation est particulièrement aisée, le condamnent sans détour.

VOLUME 19
Les Grands Mythes de l'amour
L'Antiquité, le Moyen Âge et nous

Tout commence avec l'*Épopée de Gilgamesh*, l'histoire d'une contradiction insoluble entre l'amour et la mort. Et ces histoires d'amour continueront de hanter l'humanité...

VOLUME 20
Mythologie, religion et philosophie
Sagesses d'Orient et d'Occident

Comment situer les mythes entre religion et philosophie ? Une question complexe mais, à bien des égards, la philosophie est l'héritière de la mythologie et de la religion.

SUR LE CD

1 Un cosmos doublement divin

2 Petit retour sur la *Théogonie*

3 Une harmonie trop paisible

4 Le combat des dieux contre les Géants

5 La Gigantomachie selon Apollodore

6 Le combat de Zeus contre Typhon

7 Extraits lus et commentés : Hésiode, Apollodore et Nonnos

8 Les trois grands axes de la philosophie

TYPHON ET LES GÉANTS

LE CHAOS DÉCHAÎNÉ CONTRE L'HARMONIE COSMIQUE

SOMMAIRE

LIMINAIRE

Après la victoire remportée par Zeus contre les puissances de destruction et de chaos incarnées par les Titans, on pourrait croire que tout est enfin calme, que le cosmos, partagé par Zeus de manière équitable entre les autres dieux, est désormais garanti pour l'éternité, que la paix et l'harmonie vont régner, ce qui permettra aux êtres humains (quand il y en aura) de chercher tranquillement le sens de leur vie, qui consiste à tout faire pour se mettre eux-mêmes en harmonie avec l'harmonie cosmique instaurée par le roi des dieux.

C'est malheureusement aller un peu vite en besogne. Car on ne vient pas à bout aussi facilement des forces du chaos et ce pour une raison essentielle que nous aurons l'occasion d'explorer plus en profondeur encore dans notre prochain livret, consacré à la création de l'humanité par Prométhée : en effet, si l'ordre était parfait, si le cosmos était à tous égards harmonieux et paisible, si l'équilibre de l'univers était établi pour l'éternité, alors, tout simplement, il ne se passerait plus rien, il n'y aurait plus d'histoire, plus de mouvement, plus de différence, plus d'étrangeté, et la vie finirait par

SI L'ORDRE ÉTAIT PARFAIT, SI LE COSMOS ÉTAIT À TOUS ÉGARDS HARMONIEUX ET PAISIBLE, SI L'ÉQUILIBRE DE L'UNIVERS ÉTAIT ÉTABLI POUR L'ÉTERNITÉ, ALORS, TOUT SIMPLEMENT, IL NE SE PASSERAIT PLUS RIEN, IL N'Y AURAIT PLUS D'HISTOIRE, PLUS DE MOUVEMENT, PLUS DE DIFFÉRENCE, PLUS D'ÉTRANGETÉ, ET LA VIE FINIRAIT PAR RESSEMBLER À LA MORT

ressembler à la mort. Voilà pourquoi, dans la cosmologie grecque, dès qu'on s'approche d'un état de perfection dans la paix et l'harmonie, il faut aussitôt qu'un déséquilibre réapparaisse, une altérité, une différence, bref, un grain de sable qui vient relancer la machine, redonner du mouvement et de la vie à un ordre qui, sinon, deviendrait trop calme pour être vivant et donc vivable.

Page William (1794-1860),
Vue d'Athènes.

LE COMBAT CONTRE TYPHON

En l'occurrence, c'est d'un fameux « grain de sable » qu'il s'agit ! Il va s'avérer être un redoutable adversaire pour Zeus et sa volonté de mettre fin au chaos initial : il s'agit de Typhée ou Typhon (Hésiode lui donne les deux noms), que Gaïa enfante avec le terrible Tartare (Pourquoi ? Nous allons y revenir). De tous les monstres que nous avons rencontrés jusqu'à présent, c'est le plus terrifiant. Il est colossal, plus puissant encore que les Titans, les Cent-Bras et les Cyclopes, plus affreux aussi, plus chaotique si possible. De ses épaules jaillissent cent têtes de serpents dont les yeux crachent le feu, mais il y a pire, une particularité qui apparaît comme le symbole même du chaos originel : ses multiples bouches produisent des sons incroyables, d'une diversité infinie, souvent difficiles à identifier tant ils varient en permanence, illustrant ainsi l'idée que Typhon est un être d'altérité, de différence, situé à l'opposé absolu de l'identité harmonieuse qui doit régner au sein de l'ordre cosmique une fois la paix installée. Ce monstre peut imiter toutes les langues, émettre tous les sons possibles et imaginables, parler aux dieux de manière intelligible, mais tout aussi bien copier le mugissement du taureau, le rugissement du lion ou, pire encore, car le contraste est effrayant, les jappements d'un bébé chien ou les miaulements d'un petit chat !

Voici comment le pseudo-Apollodore (ce mythographe du IIe siècle qui nous sert souvent de référence), après avoir rappelé que Gaïa est indignée par la façon dont le fils de Cronos a traité ses premiers enfants, les Titans que Zeus a enfermés dans le Tartare, décrit dans son livre majeur intitulé la *Bibliothèque*, à la fois l'aspect extérieur du monstre, mais aussi le déroulement des principaux épisodes de son combat contre Zeus (j'indique mes propres commentaires entre parenthèses) :

« Gaïa, encore plus irritée, s'unit à Tartare et, en Cilicie, elle enfanta Typhon en qui se mêlaient la nature de l'homme et celle de la bête. Par la taille et par la puissance, il surpassait tous les enfants de Gaïa. Jusqu'aux cuisses, il avait forme humaine, mais sa taille était si démesurée qu'il dépassait toutes les montagnes et, souvent même, sa tête touchait les astres. Ses bras tendus atteignaient l'un le Couchant et l'autre l'Orient, et de ses bras se détachaient cent têtes de serpents. À partir des cuisses, son corps n'était qu'un entrelacement d'énormes vipères qui étiraient leurs anneaux jusqu'à sa tête et lançaient des sifflements puissants. Sur sa tête et ses joues flottaient au vent des crins sales. Ses yeux lançaient un regard de feu. Tels étaient l'aspect et la taille de Typhon quand il attaqua le ciel lui-même, en lançant contre lui des rocs enflammés, dans un mélange de cris et de sifflements, tandis que sa bouche crachait de puissants tourbillons de feu. Les dieux, en le voyant s'élancer contre le ciel, s'exilèrent en Égypte où, poursuivis par lui, ils prirent la forme d'animaux. Tant que Typhon fut à distance, Zeus lui lança des traits de foudre, mais quand il fut proche, il l'attaqua à coups de faucille d'acier et il le poursuivit dans sa fuite jusqu'au mont Casios, qui domine la Syrie. Là, le voyant tout

TYPHON EST COLOSSAL, PLUS PUISSANT ENCORE QUE LES TITANS, LES CENT-BRAS ET LES CYCLOPES, PLUS AFFREUX AUSSI, PLUS CHAOTIQUE SI POSSIBLE. DE SES ÉPAULES JAILLISSENT CENT TÊTES DE SERPENTS DONT LES YEUX CRACHENT LE FEU

couvert de blessures, il engagea le corps à corps, mais Typhon, enroulant ses anneaux autour de lui, l'immobilisa, lui arracha sa faucille et lui coupa les tendons des mains et des pieds. Typhon hissa alors Zeus sur ses épaules, il le transporta à travers la mer jusqu'en Cilicie et, arrivé dans l'antre Corycien (c'est le nom de la grotte où il habitait), **il l'y déposa. C'est également là qu'il dissimula les tendons qu'il cacha dans une peau d'ours. Il en confia la garde à un dragon femelle, Delphynè, qui est à moitié bête et à moitié fille. Mais Hermès et Égipan dérobèrent furtivement les tendons et les rajustèrent à Zeus sans se faire voir. Zeus, lorsqu'il eut recouvré sa force, s'élança soudain du ciel sur un char tiré par des chevaux ailés et, de ses traits de foudre, il poursuivit Typhon jusqu'au mont nommé Nysa** (c'est aussi sur ce mont que naîtra Dionysos, dont le nom signifie "le dieu de Nysa") **où les Moires trompèrent le fuyard : persuadé par elles que cela le rendrait plus fort, il goûta aux fruits éphémères. Aussi, à nouveau poursuivi, il arriva en Thrace et, dans le combat qui s'engagea près du mont Hémos, il se mit à lancer des montagnes entières. Mais, comme elles étaient rejetées sur lui par la foudre, un flot de sang inonda bientôt la montagne : c'est pour cela, dit-on, que ce mont fut appelé l'Hémos – le "mont sanglant". Comme Typhon s'élançait pour fuir encore à travers la mer de Sicile, Zeus jeta sur lui le mont Etna qui est en Sicile. C'est une énorme montagne dont, encore aujourd'hui, jaillissent des éruptions de feu qui proviennent, dit-on, des traits de foudre lancés par Zeus[1] … »**

1. Je cite ici la belle traduction de deux enseignants chercheurs de l'université de Besançon, Jean-Claude Carrière et Bertrand Massonie, qui ont eu l'heureuse idée de traduire la *Bibliothèque* et de la publier dans les annales littéraires de leur université (diffusion par les Belles Lettres). On trouve aussi aisément sur Internet le texte grec.

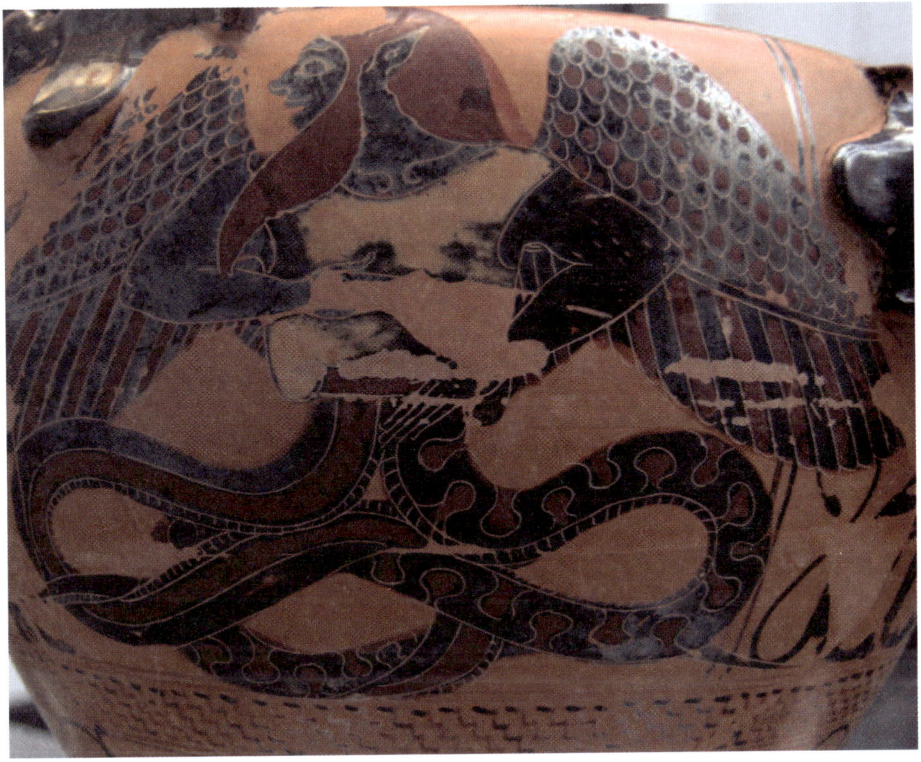

Typhon, détail de la face B d'une hydrie chalcidienne. Vers 540-530 av. J.-C.

Nous allons bien entendu commenter les différents moments de ce combat afin d'en dégager le sens profond – car il y en a un, et même plusieurs, et vous verrez que sous l'apparence d'un récit de guerre fantastique se cachent de nombreuses et passionnantes significations philosophiques. Mais auparavant, je voudrais insister encore sur l'enjeu comme sur les causes de ce nouveau combat.

D'abord sur l'enjeu : il faut bien comprendre que Typhon n'est qu'une résurgence des forces anti-cosmiques primitives, des puissances chaotiques originaires. Comme les Titans, il est né de Gaïa (et de Tartare, c'est-à-dire deux fois de Terre), de sorte que, comme Hésiode l'indique d'ailleurs de manière explicite dans sa *Théogonie*, s'il devait remporter la bataille à laquelle il se prépare contre Zeus, s'il parvenait à s'emparer du pouvoir sur le monde, à devenir le maître des mortels comme des immortels, non seulement on ne pourrait plus jamais rien faire contre lui, mais c'est bel et bien le désordre le plus grand qui prendrait définitivement le dessus sur l'harmonie du cosmos. Le chaos triompherait sur l'ordre, la guerre sur la paix, la violence sur la justice, la bêtise sur l'intelligence et le principal effet de cette terrifiante victoire serait que les humains ne pourraient plus chercher, ni *a fortiori* trouver, la vie bonne puisqu'il n'y aurait plus d'harmonie avec laquelle s'accorder. Toute quête de sagesse serait anéantie, et c'est ainsi la philosophie même qui deviendrait impossible.

SI TYPHON DEVAIT REMPORTER LA BATAILLE À LAQUELLE IL SE PRÉPARE CONTRE ZEUS, S'IL PARVENAIT À S'EMPARER DU POUVOIR SUR LE MONDE, À DEVENIR LE MAÎTRE DES MORTELS COMME DES IMMORTELS, NON SEULEMENT ON NE POURRAIT PLUS JAMAIS RIEN FAIRE CONTRE LUI, MAIS C'EST BEL ET BIEN LE DÉSORDRE LE PLUS GRAND QUI PRENDRAIT DÉFINITIVEMENT LE DESSUS SUR L'HARMONIE DU COSMOS

Mais alors, pourquoi Typhon ? D'où surgit-il et pour quelles raisons ? Comment expliquer que Gaïa, qui a toujours pris le parti de Zeus, qui l'a sauvé de son père Cronos en le cachant dans une grotte fabriquée en son sein, qui l'a averti qu'il risquait d'avoir un fils qui le détrônerait à son tour et lui a suggéré d'avaler Métis, cette même Gaïa qui lui a encore conseillé, comme Métis d'ailleurs, et de manière ô combien judicieuse, de libérer les Cyclopes et les Cent-Bras s'il voulait gagner la guerre contre les Titans, pourquoi donc cette aimable grand-mère voudrait-elle nuire maintenant à son petit-fils en déchaînant contre lui un monstre épouvantable qu'elle aurait fabriqué à dessein avec l'affreux Tartare ? Pas évident. D'autant qu'Hésiode ne nous dit rien, rigoureusement rien, des motivations de la Terre.

On peut cependant risquer deux hypothèses, qui paraissent à tout le moins plausibles : la première, la plus superficielle, c'est que Gaïa, comme le suggère Apollodore, n'est pas satisfaite du sort que Zeus a réservé à ses premiers enfants, les Titans, en les enfermant dans le Tartare. Même si elle ne les défend pas toujours, ce sont quand même, après tout, ses rejetons, et elle ne peut accepter sans protester le sort affreux qui leur est réservé. Disons-le d'emblée : cette façon psychologisante de présenter les choses n'est guère satisfaisante. Bien évidemment, la psychologie n'est pas ici le ressort du drame, elle n'est qu'un travestissement d'une vérité plus profonde. Dans la cosmologie grecque, d'une manière générale, il ne faut se fier ni à la psychologie des sentiments ni aux anecdotes biographiques : elles dissimulent toujours des réalités plus secrètes, des vérités qui sont enracinées dans la construction du cosmos, dont la finalité ultime est de donner du sens à la vie des humains (n'oublions tout de même pas que ce sont bel et bien des êtres humains, pas des dieux, qui ont inventé toutes les légendes !). Or avec Typhon, il s'agit d'une affaire sérieuse, d'une question de cosmogonie où les états d'âme n'entrent guère en ligne de compte.

Une seconde hypothèse est donc beaucoup plus crédible : si Gaïa fabrique Typhon contre Zeus, c'est parce que l'équilibre du cosmos n'est pas parfait tant que les forces de Chaos ne sont pas toutes canalisées. En déchaînant un nouveau monstre, *elle va donner à Zeus l'occasion d'intégrer davantage encore les éléments chaotiques dans l'ordre cosmique.* En quoi il ne s'agit pas seulement ici de conquête du pouvoir politique, comme le pensent presque tous les commentateurs, mais d'abord et avant tout de cosmologie et de philosophie. Car ce qu'incarne Typhon, comme je l'ai suggéré plus haut, c'est le contraire absolu de ce que cherche Zeus : il est l'archétype de l'altérité et, avec elle, du temps, de la différence, de la génération, de l'histoire, bref, du mouvement et de la vie. Il faut intégrer Chaos dans Cosmos, absorber la différence dans l'identité, le désordre dans l'ordre, le déséquilibre dans l'équilibre, mais sans pour autant que Chaos soit totalement anéanti, faute de quoi ce serait paradoxalement la mort qui l'emporterait en même temps que la paix ! C'est sans nul doute cela que souhaite Gaïa quand on dit de manière un peu naïve « qu'elle n'est pas contente du sort réservé à ses enfants », *car Gaïa, dans sa grande sagesse, sait bien que si l'on s'en tenait aux seules « forces de l'ordre » et de la paix, le monde finirait par se figer, le cosmos serait dépourvu de vie.* C'est donc dans cette perspective à proprement parler « cosmologique » qu'il faut décrypter les différents épisodes qui rapportent le combat qui oppose Typhon aux Olympiens, et c'est pourquoi je vais vous proposer de les regarder de près.

IL FAUT INTÉGRER CHAOS DANS COSMOS, ABSORBER LA DIFFÉRENCE DANS L'IDENTITÉ, LE DÉSORDRE DANS L'ORDRE, LE DÉSÉQUILIBRE DANS L'ÉQUILIBRE, MAIS SANS POUR AUTANT QUE CHAOS SOIT TOTALEMENT ANÉANTI, FAUTE DE QUOI CE SERAIT PARADOXALEMENT LA MORT QUI L'EMPORTERAIT EN MÊME TEMPS QUE LA PAIX !

Zeus combat deux Géants, mi-humains, mi-serpents. Italie.

LA VERSION D'HÉSIODE

Chez Hésiode, le récit est assez bref et peu circonstancié : on y apprend seulement que le combat est terrifiant, d'une violence inouïe, que la terre tremble jusqu'au Tartare au point qu'Hadès lui-même, le dieu des enfers qui habite au plus profond des ténèbres, éprouve de la peur, comme les Titans qui sont, Cronos le premier, enfermés dans ce lieu obscur et plein de moisissure depuis qu'ils ont perdu la guerre contre les Olympiens. On y lit encore que, sous l'effet de la foudre de Zeus comme du feu craché par Typhon, la terre prend feu, se transforme en lave et coule comme du métal fondu. Au final, c'est Zeus qui l'emporte grâce aux armes que les Cyclopes lui ont offertes : tonnerre, éclair et foudre. Une à une, les têtes de Typhon sont foudroyées, carbonisées, et le monstre infernal est expédié là où il se doit : en enfer. Tout cela, bien entendu, a un sens : il s'agit de suggérer au lecteur que l'enjeu de cette terrible lutte n'est rien de moins que le cosmos lui-même. Avec Typhon, c'est l'univers tout entier qui est menacé dans son harmonie et son ordonnancement et c'est pourquoi il n'est pas inintéressant de lire très attentivement, malgré sa relative sécheresse, le texte d'Hésiode. Le voici :

« Lorsque Zeus du ciel eut chassé les Titans, l'énorme Terre engendra un dernier fils, Typhée, issu de son amour avec Tartare, par la grâce d'Aphrodite d'or. Ses bras sont faits pour des œuvres de force, et jamais ses pieds de dieu puissant ne se fatiguent. De ses épaules jaillissent cent têtes de serpents, d'effroyables dragons, qui tirent des langues noires. Des yeux illuminant ses prodigieuses têtes jaillissent, par-dessous les sourcils, une lueur de feu. Des voix s'élèvent de toutes ces têtes terrifiantes faisant entendre mille accents d'une indicible horreur. Tantôt ce sont des sons que seuls les dieux comprennent ; tantôt le mugissement d'un taureau, un animal puissant à la fougue indomptable, le rugissement d'un lion au cœur impitoyable, mais tantôt aussi bien les jappements d'un petit chien, terrifiants à entendre, voire des sifflements que l'écho vient amplifier dans les hautes montagnes. C'est alors quelque chose d'irréparable qui aurait pu avoir lieu. Typhée aurait pu être le roi des immortels comme des mortels si le père des dieux et des hommes de son œil perçant ne l'avait soudain vu. Il tonna durement et avec force de sorte que la terre tout entière retentit d'un horrible fracas comme aussi le vaste ciel au-dessus d'elle, et la mer, et les flots d'Okéanos et le Tartare souterrain, tandis que vacillait aussi le grand Olympe sous les pieds immortels de son seigneur parti en guerre et que le sol lui répondait en gémissant... La terre bouillait tout entière, et le ciel et la mer... Des vi-

brations irrépressibles commençaient à tout secouer : Hadès, le souverain des morts dans les enfers, tremblait, et aussi les Titans dans le fond du Tartare autour de Cronos... Et Zeus, rassemblant sa fougue et saisissant ses armes, se dressa du haut de l'Olympe et frappa. Il embrasa d'un seul coup circulaire les prodigieuses têtes du monstre terrifiant et, maté par le coup qui venait de le frapper, Typhée, mutilé, s'effondra tandis que l'énorme terre continuait de gémir... Et Zeus, l'âme en courroux, précipita Typhée dans le vaste Tartare. De Typhée continuent de sortir des vents violents au souffle humide, sauf Notos, Borée et Zéphir qui, eux, sont nés des dieux et sont un grand bienfait pour les hommes... (les vents provenant de Typhée) **soufflant tantôt ici et tantôt là, dispersant les navires, perdant les équipages, de sorte que contre de tels fléaux, il n'est point de recours. »**

Où l'on voit que, comme toujours, la victoire de Zeus, si elle assure la paix du côté des dieux, n'en laisse pas moins échapper les maux les plus désastreux du côté des malheureux humains...
Comme l'a montré Jean-Pierre Vernant, ce n'est pas sans raison que le bref récit d'Hésiode a été enrichi et dramatisé par les mythographes ultérieurs. Étant donné que l'enjeu de cette ultime étape de la construction du monde est essentiel (il s'agit de savoir qui, de Chaos ou de Cosmos, va finalement l'emporter, mais par là même de comprendre

OÙ L'ON VOIT QUE, COMME TOUJOURS, LA VICTOIRE DE ZEUS, SI ELLE ASSURE LA PAIX DU CÔTÉ DES DIEUX, N'EN LAISSE PAS MOINS ÉCHAPPER LES MAUX LES PLUS DÉSASTREUX DU CÔTÉ DES MALHEUREUX HUMAINS...

comment la vie, la différence, l'altérité et le temps peuvent être intégrés à l'équilibre éternel), il était normal que le thème s'enrichît au fil des ans. Si Typhon gagne, c'en est fini de l'édification d'un cosmos harmonieux et juste. Mais si c'est Zeus qui obtient la victoire, si la justice règne sur l'univers, y aura-t-il encore de la vie, du mouvement, du temps et des histoires ? Avec de telles interrogations en ligne de mire, il eût été vraiment surprenant, et même dommage, de ne pas donner de ce conflit une version plus étoffée, plus haletante et dramatique que celle, un peu trop concentrée il est vrai, que nous livre Hésiode. Les mythographes tardifs s'en sont donc donné à cœur joie et le résultat de ces enrichissements successifs est intéressant à suivre dans deux ouvrages qui, chacun dans leur genre, se sont efforcés de faire la synthèse des récits mythologiques antérieurs.

LA VERSION D'APOLLODORE

Le premier, c'est justement la *Bibliothèque* d'Apollodore, dont il faut que je vous dise maintenant quelques mots. D'abord, dans le langage d'aujourd'hui, une « bibliothèque », ce n'est pas un livre, mais plutôt l'endroit – le meuble ou la salle – où l'on range des livres. D'ailleurs, déjà en grec, le mot « *thêkê* » désigne un « coffre » ou une « boîte » où l'on dépose quelque chose, en l'occurrence des livres (« *biblios* »). Pourtant, dans les temps anciens, le terme « bibliothèque » était parfois utilisé de manière figurée pour désigner un recueil qui, à l'image du meuble, rassemble en lui tout ce qu'on peut savoir par les livres sur un même sujet. Or c'est exactement ce que fait la « Bibliothèque » d'Apollodore : on y trouve une espèce de résumé de tout le savoir mythologique disponible à son époque. C'est donc un livre qui réunit en lui beau-

Statue d'Hermès. Marbre, copie romaine du IIe siècle ap. J.-C. Musée du Louvre.

ZEUS EST LE SEUL QUI RESTE DEBOUT, VAILLANT. TOUJOURS AUSSI COURAGEUX, IL ATTAQUE TYPHON AVEC SA FOUDRE, MAIS AUSSI À BRAS-LE-CORPS, AVEC UNE FAUCILLE, SANS DOUTE CELLE DONT SON PÈRE, CRONOS, S'ÉTAIT SERVI POUR COUPER LE SEXE D'OURANOS

coup d'autres livres et c'est pourquoi on l'a assimilé à une « bibliothèque ». S'agissant maintenant de son auteur, d'Apollodore lui-même, on a longtemps cru que sa *Bibliothèque*, infiniment précieuse pour mieux connaître les mythes, avait été écrite au IIe siècle avant Jésus-Christ par un certain Apollodore d'Athènes, un érudit, passionné de grammaire et de mythologie. On sait aujourd'hui qu'il n'en est rien, que la *Bibliothèque* a été sans doute rédigée vers le IIe siècle, non pas avant, mais après Jésus-Christ, par un auteur qui n'est donc pas cet Apollodore et dont, en vérité, on ignore tout. Et comme on ne sait rien de lui et que l'habitude avait été prise, on continue aujourd'hui, faute de mieux, à appeler ce livre la « Bibliothèque d'Apollodore »... bien qu'il ne s'agisse pas d'une bibliothèque et qu'il ne soit pas d'Apollodore ! L'ouvrage n'en est pas moins extraordinairement précieux pour nous, parce que son auteur, quel qu'il soit, a eu accès à des textes, aujourd'hui perdus, dont nous ne gardons parfois le souvenir que grâce à lui.

Mais revenons à notre récit et à la version qu'en donne notre « pseudo » (faux) Apollodore. Chez lui, le suspens est déjà beaucoup plus soutenu que chez Hésiode. Ce qu'on appelle au théâtre la « dramaturgie », la mise en scène de l'action, y est aussi plus intense, puisque, dans un premier temps, contrairement à ce qui se passe dans la *Théogonie*, c'est Typhon qui parvient à terrasser Zeus. Le malheureux – pour une fois – a « perdu ses nerfs », mais au sens le plus littéral du terme. Du reste, les autres dieux n'en mènent pas large non plus. Typhon est si monstrueux, si effrayant qu'en le voyant les dieux de l'Olympe sont pris de panique. Ils s'enfuient vers l'Égypte et, tâchant de passer inaperçus afin d'échapper aux coups de Typhon, ils poussent la couardise jusqu'à se transformer en animaux – ce qui, il faut bien l'avouer, n'est pas spécialement glorieux pour des Olympiens. Zeus est le seul qui reste debout, vaillant. Toujours aussi courageux, il attaque Typhon avec sa foudre, mais aussi à bras-le-corps, avec une faucille, comme on l'a vu dans le texte d'Apollodore que nous avons cité plus haut – sans doute celle dont son père, Cronos, s'était servi pour couper le sexe d'Ouranos. Mais Typhon désarme Zeus et, retournant la faucille contre lui, il parvient à lui couper les tendons des bras et des jambes de sorte que le roi des dieux, certes, n'est pas mort – c'est impossible puisqu'il est immortel –, mais cependant réduit à l'état de légume. Incapable de se mouvoir, il gît par terre, comme une véritable loque, qui plus est sous bonne garde : Delphynè, une effrayante femme serpent au service de Typhon le surveille étroitement.

Fort heureusement, Hermès est là. C'est un des nombreux enfants de Zeus, l'un de ses préférés, un fils qu'il a eu avec Maïa, la plus jeune des Pléiades. Les Pléiades sont sept sœurs. Ce sont des filles du Titan Atlas. Elles seront divinisées par Zeus et deviendront les sept étoiles de la constellation qui porte leur nom. Hermès, lui, est le roi des filous, le dieu des voleurs, des marchands et des journalistes – et comme j'ai déjà eu l'occasion de vous le dire, ce n'est pas pour rien que son nom latin, Mercure, va devenir un peu partout dans le monde celui d'une gazette ou d'un magazine. Hermès sera, avec Iris, le messager de Zeus, celui qui transmet ses instructions ou ses ordres aux autres dieux comme aux humains – ce pourquoi son nom deviendra celui d'une discipline universitaire, l'herméneutique, qui est la science de l'interprétation des grands textes (comme Hermès est l'interprète des pensées de son père). Nous y reviendrons quand nous parlerons plus en détail de sa vie, notamment dans le livret que nous consacrerons au roi Midas.

Pour le moment, contentons-nous de savoir qu'ici encore Hermès va avoir l'occasion d'exercer ses talents de maraudeur. Dans cette affaire, il va se faire aider, si l'on en croit du moins la version d'Apollodore, par un certain « Égipan » – sans doute un autre nom du dieu Pan, un des fils d'Hermès, qui est connu comme le dieu des bergers et des troupeaux. On dit aussi qu'il est l'inventeur d'une flûte confectionnée à partir de sept roseaux, flûte qu'il nomma la « Syrinx » du nom d'une nymphe dont il était tombé amoureux, mais qui se changea en roseau pour échapper à ses assauts. Tous les amateurs de musique classique connaissent d'ailleurs le magnifique solo de flûte que Debussy a intitulé *Syrinx*, en mémoire de la malheureuse...

C'est justement avec la douce musique qui s'échappe de cette flûte que Pan va parvenir à détourner l'attention de Typhon – ce qui signifie que le monstre n'est pas insensible à l'harmonie, c'est-à-dire à la puissance des forces « cosmiques » qui sont pourtant le contraire de ce qu'il représente, à savoir le chaos. Typhon écoute la musique, il se laisse bercer, il somnole, et, pendant ce temps-là, Hermès va en profiter pour subtiliser les divins tendons qu'il s'empresse de remettre en place dans le corps de son père. À nouveau debout, Zeus peut reprendre le combat. Il se lance à la poursuite de Typhon avec ses armes habituelles, la foudre, l'éclair et le tonnerre. Mais, là encore, une aide extérieure lui est indispensable, celle des trois Moires. Ce sont, elles aussi, des enfants de Zeus, en l'occurrence des filles qu'il a conçues avec Thémis, la déesse de la justice. Elles règlent le destin des hommes, mais aussi celui des dieux, car le destin étant la loi universelle du monde, il est supérieur même aux immortels. Tout être possède sa « *moira* », sa destinée, sa

Nicolas Poussin, *Pan et Syrinx*,
tableau datant de 1637.

part ou son lot de bonheur et de malheur dans l'existence, mais aussi l'heure de sa mort s'il s'agit d'un mortel, de sorte que la « *moira* » des Grecs n'est pas sans rappeler le karma des bouddhistes. Les Moires s'appellent Atropos, Clotho et Lachesis. On dit qu'elles décident de la durée de vie des hommes à l'aide d'un fil que la première file, la deuxième enroule et la troisième coupe quand le temps est venu.
Où l'on voit, au passage, qu'à l'encontre de ce qui a eu lieu avec Ouranos et Cronos les enfants de Zeus viennent en aide à leur père. Car c'est un père juste et bienveillant, pas un monstre qui les empêche de voir le jour. Comme Hermès, les Moires se portent à son secours et tendent un piège au monstrueux Typhon : elles lui font miroiter des fruits délicieux en lui promettant qu'ils vont le rendre invincible et qu'avec un tel don il n'aura aucun mal à battre Zeus. En vérité, ces fruits contiennent des drogues qui anéantissent la force, de sorte que Typhon, qui s'est laissé prendre au piège, se trouve totalement affaibli, lui aussi réduit à l'état de légume, et finalement vaincu par Zeus qui l'emprisonne sous un volcan, l'Etna, dont les éruptions sont le signe des vains soubresauts.

LA VERSION DE NONNOS DE PANOPOLIS

Trois siècles après Apollodore, chez un autre mythographe du nom de Nonnos de Panopolis, la même histoire s'est encore considérablement approfondie et développée, agrémentée qui plus est d'anecdotes et de dialogues qui ne figurent ni chez Hésiode ni même dans la *Bibliothèque* de notre illustre inconnu. Ce mythographe du Ve siècle après J.-C. consacre les deux premiers chants de son ouvrage intitulé *Les Dionysiaques* au combat de Typhée et de Zeus. Nonnos est surtout connu comme l'auteur de ce poème épique consacré pour l'essentiel, ainsi que son titre l'indique, aux aventures de Dionysos. Son œuvre est donc

NONNOS NE CESSE DE SOULIGNER, AVEC UN LUXE DE DÉTAILS QUI NOUS RENSEIGNENT UTILEMENT AUJOURD'HUI SUR LA FAÇON DONT CES MYTHES POUVAIENT ÊTRE COMPRIS À SON ÉPOQUE, LES ENJEUX « COSMIQUES » DU CONFLIT. AVEC LUI, IL EST TOUT À FAIT CLAIR QUE C'EST PUREMENT ET SIMPLEMENT LA SURVIE DU COSMOS QUI DÉPEND DE L'ISSUE DE LA BATAILLE

rédigée trois siècles après la *Bibliothèque* d'Apollodore et douze siècles après les poèmes d'Hésiode, ce qui vous donne une idée du temps qu'il a fallu pour constituer ce que nous lisons aujourd'hui sous la rubrique « mythologie grecque », comme s'il s'agissait presque d'un seul corpus comparable à la Bible ou au Coran, alors qu'il s'agit d'une compilation d'innombrables récits étalés sur le temps long. L'ouvrage de Nonnos est pour nous particulièrement précieux parce qu'il constitue une véritable mine de renseignements sur les mythes grecs.

Chez lui, l'histoire, bien que proche du récit d'Apollodore dans les grandes lignes, est néanmoins beaucoup plus riche, plus intense et plus dramatique. Car Nonnos ne cesse de souligner, avec un luxe de détails qui nous renseignent utilement aujourd'hui sur la façon dont ces mythes pouvaient être compris à son époque, les enjeux « cosmiques » du conflit. Avec lui, il est tout à fait clair que c'est purement et simplement la survie du cosmos qui dépend de l'issue de la bataille : si Typhon l'emporte, ce sont tous les dieux de l'Olympe qui seront définitivement asservis à celui qui prendra la place de Zeus, jusques et y compris aux côtés de sa femme, Héra, que Typhon ne cesse de convoiter et de vouloir enlever au maître de l'Olympe.

Voyons de plus près comment les choses se sont passées selon lui. Comme chez Apollodore, les dieux de l'Olympe sont d'abord saisis d'effroi à la vue de Typhon et, comme chez lui encore, ils s'enfuient, littéralement affolés. Et, là aussi, Zeus « perd ses nerfs » : ses tendons sont arrachés et cachés dans un endroit gardé secret par Typhon. Mais ici, ce n'est plus Hermès qui joue les premiers rôles dans la victoire de Zeus. Zeus va concevoir lui-même un plan de bataille et il convoque pour le mettre en œuvre Éros, le confident d'Aphrodite, et Cadmos, le roi rusé, fondateur légendaire de la ville de Thèbes et frère de la belle Europe que Zeus vient d'enlever en se métamorphosant en taureau. Pour récompenser Cadmos des services qu'il va lui rendre, Zeus lui promet de lui donner en mariage la ravissante Harmonie, qui n'est autre que la fille d'Arès, le dieu de la guerre, et de la sublime d'Aphrodite. Il lui promet aussi, honneur suprême entre tous, que les dieux de l'Olympe assisteront à ses noces – (notez au passage combien toutes ces histoires sont entremêlées : c'est une des filles de Cadmos, Sémélé, qui tombera amoureuse de Zeus et deviendra la mère de son fils Dionysos).
Le stratagème imaginé par Zeus mérite l'attention : il est tout à fait significatif de l'enjeu cosmique de sa lutte contre Typhon. Zeus demande à Cadmos de se déguiser en berger. Muni de la syrinx de Pan, cette flûte d'où sortent des sons enchanteurs, et aidé par aidé par Éros, il doit jouer une musique si douce et si prenante que Typhon tombe sous le charme. Typhon promet alors mille choses à Cadmos – entre autres, la main d'Athéna – pour qu'il continue de jouer et pour qu'il soit le musicien de ses futures noces avec Héra, la femme de Zeus, qu'il compte bien épouser dès qu'il aura terrassé son illustre mari. Sûr de son coup, Typhon tombe dans le piège et s'endort, bercé par les sonorités de la Syrinx. Cadmos peut alors récupérer les tendons de

Zeus qui les réinstalle et se retrouve à nouveau fin prêt pour remporter la victoire.
Cette version, comme vous le voyez, est pleine de sens : il est notamment remarquable que ce soit par la musique, l'art cosmique entre tous puisqu'il repose tout entier sur l'ordonnancement des sons qui doivent pour ainsi dire « rimer » entre eux, que le cosmos soit sauvé. Ce que souligne encore le fait que le prix de la victoire soit justement, pour Cadmos, la main d'Harmonie : tout un symbole ! Là encore, je préfère citer le texte original afin que vous entendiez les termes, ô combien significatifs, que Zeus utilise pour inviter Cadmos et Éros à mettre en place le piège tendu à Typhon (comme toujours, je glisse mes commentaires entre parenthèses) :

« Cher Cadmos, joue de la syrinx et le ciel redeviendra serein. Si tu tardes, le ciel gémira sous le fouet, car Typhon s'est armé de mes traits célestes… (en plus des tendons de Zeus, Typhon lui a en effet dérobé la foudre, l'éclair et le tonnerre et Zeus entend les récupérer au plus vite)… **Deviens bouvier pour une seule aurore et, par la musique ensorceleuse de ta flûte pastorale, sauve le pasteur du cosmos** (c'est-à-dire lui, Zeus, le maître de l'Olympe qui parle ici de lui-même à la troisième personne)… **Par la mélodie de ta syrinx enjôleuse, charme l'esprit de Typhon. Moi, pour juste prix de tes peines, je te donnerai une double récompense : je ferai de toi tout ensemble le sauveur de l'harmonie universelle et l'époux d'Harmonie. Et toi, Éros, semence première et principe des unions fécondes, tends ton arc et le cosmos ne s'en ira plus à la dérive** (car Typhon, charmé non seulement par la musique, mais aussi par les flèches d'Éros, tombera dans le piège que les deux compères lui ont tendu, ce qui permettra de sauver le cosmos)… »

CADMOS RUSE : IL PRÉTEND QU'AVEC UN AUTRE INSTRUMENT DE MUSIQUE, SA LYRE, UN INSTRUMENT À CORDES, IL PEUT FAIRE BEAUCOUP MIEUX ENCORE QU'AVEC LA FLÛTE DE PAN. IL PARVIENDRA MÊME À SURPASSER APOLLON, LE DIEU DES MUSICIENS

« *Le sauveur de l'harmonie universelle* » : la formule est significative, elle laisse penser que ceux qui entendaient raconter ces mythes devaient bien comprendre qu'il en allait de la survie de l'ordre cosmique tout entier, menacé de destruction par Typhon. C'est bien lui qu'il s'agit de sauver, à travers Zeus, par l'harmonie de la musique que la déesse Harmonie viendra consacrer en épousant Cadmos. Donc, Cadmos joue de sa flûte et Typhon, la brute épaisse, tombe sous le charme comme la première midinette venue. Il fait mille promesses à Cadmos pour qu'il vienne chanter sa victoire le jour de ses prochaines noces avec Héra, la femme de son ennemi. Alors Cadmos ruse : il prétend qu'avec un autre instrument de musique, sa lyre, un instrument à cordes, il peut faire beaucoup mieux encore qu'avec la flûte de Pan. Il parviendra même à surpasser Apollon, le dieu des musiciens. Simplement, il lui faudrait des cordes à sa mesure, des cordes faites, si possible, dans des tendons divins, assez résistants pour pouvoir ce qui s'appelle vraiment jouer... Typhon, le balourd, ne voit évidemment rien venir. Il faut noter au passage que la lyre, à la différence de la flûte de Pan, est un instrument harmonique : avec elle, on peut jouer plusieurs cordes en même temps, réaliser des accords qui « mettent ensemble » plusieurs sons différents,

Cupidon jouant de la lyre, fresque romaine d'Herculaneum.

ce qu'on ne peut guère faire avec un instrument à vent. La lyre apparaît ainsi comme un instrument plus harmonieux et, en ce sens, plus « cosmique », que la flûte, quels que soient ses mérites (on retrouvera cette même opposition entre les instruments mélodiques et les instruments harmoniques dans la mythologie de Midas, notamment dans le fameux concours de musique qui opposera Apollon au satyre Marsyas dont nous reparlerons dans un prochain livret). Bien entendu, le stratagème ourdi par Cadmos vise à récupérer les nerfs de Zeus :

« Et d'un signe de ses terribles sourcils, Typhon acquiesce ; il secoue ses boucles et sa chevelure, crachant le venin de vipère, le fait pleuvoir sur les montagnes. Et vite, il court à son antre, il prend les nerfs de Zeus et donne au rusé Cadmos, en présent d'hospitalité, ces nerfs tombés jadis sur le sol pendant le combat contre Zeus. Et le faux berger le remercie de ce don divin. Il palpe alors avec soin les nerfs et, sous prétexte d'en faire plus tard les cordes de sa lyre, il cache au creux d'un rocher ce dépôt qu'il garde pour Zeus, le tueur du Géant. Ensuite, sur un ton modéré, lèvres closes, et pressant les tubes qui forment sa flûte, il met une sourdine à leur voix pour rendre la musique plus suave encore. Et Typhée tend la multitude de ses oreilles. Il écoute l'harmonie sans comprendre. Le Géant est sous le charme : le berger d'imposture l'enjôle de sa syrinx. Sur sa syrinx, il feint de dire la fuite des dieux, mais c'est la future victoire de Zeus, toute proche, qu'il célèbre. À Typhon, assis à ses côtés, il chante la mort de Typhon. »

Donc, Cadmos récupère les nerfs divins, il les rend à Zeus, qui s'empare à nouveau de ses armes pendant que Typhon dort et dès qu'il est sur pied, la guerre reprend son cours, qui menace plus que jamais l'ordre cosmique tout entier :

« Sous les projectiles du Géant, la terre se crevasse et ses flancs, mis à nu, libèrent une veine liquide : du gouffre entrouvert sourd le flot jaillissant des canaux souterrains qui déversent l'eau retenue dans le sein dévoilé du sol. Et les rocs lancés tombent en torrents de pierre du haut des airs. Ils s'engloutissent dans la mer... De ces terrestres projectiles naissent des îles nouvelles dont les chevilles se plantent spontanément dans la mer pour y prendre racine... Déjà, les assises immuables du cosmos vacillent sous les bras de Typhon... Les liens de l'indissoluble harmonie se dissolvent... »

De manière très précieuse pour nous aider à comprendre le sens de tout ce récit, la déesse Victoire, qui accompagne Zeus et qui est pourtant une descendante directe des Titans, déclare, effrayée, au maître de l'Olympe :

« Bien qu'on me donne le nom de Titanide, je ne veux pas voir les Titans régner sur l'Olympe, mais je veux que ce soit toi et tes enfants. »

Ce qui indique, à nouveau parfaitement, l'enjeu du conflit : si Typhée gagne, ce sont les forces du Chaos, et avec elles les puissances titanesques qui animent les premiers dieux, qui l'emporteront et le cosmos sera définitivement anéanti. Au reste, Typhon ne s'en cache pas lorsqu'il se lance dans la bataille, comme on le voit dans la façon dont il mobilise « ses troupes », c'est-à-dire, en l'occurrence les membres innombrables qui forment son propre corps. Il n'hésite pas à leur commander la destruction de l'ordre harmonieux et même à déclarer haut et fort qu'à l'issue du conflit il libérera les dieux du chaos enfermés par Zeus dans le Tartare, à commencer par Atlas, l'un des fils du Titan Japet qui est censé porter le cosmos tout entier sur son dos, ainsi que Cronos :

Le Titan Atlas portant la voûte céleste sur ses épaules, sculpture en marbre, palais Farnèse, Rome.

« Ô mes bras, frappez la demeure de Zeus, ébranlez les assises du cosmos avec les Bienheureux, brisez le divin verrou de l'Olympe qui se meut de lui-même. Jetez bas le pilier de l'Éther ; qu'Atlas, dans ce bouleversement, prenne la fuite et laisse tomber l'orbe constellé de l'Olympe sans plus en redouter la course circulaire… Et Cronos, le mangeur de chairs crues (n'oublions pas qu'il mérite ce nom puisqu'il dévore ses propres enfants…), **est aussi de mon sang** (ce sont tous, en effet, des descendants de Gaïa et des divinités "chaotiques") : **pour m'en faire un allié, je vais l'amener à nouveau à la lumière depuis les abîmes souterrains et délier les chaînes qui l'oppriment** (tout comme Zeus l'a fait avec les Cyclopes et les Hécatonchires : Typhée a compris que lui aussi a besoin de se faire des alliés !). **Je vais faire revenir dans l'éther** (c'est-à-dire dans le ciel lumineux qui contraste avec les ténèbres du Tartare) **les Titans ; et je vais conduire sous mon toit, dans le ciel, les Cyclopes, ces fils de la terre, et je leur ferai fabriquer d'autres traits de feu, car j'ai besoin de beaucoup de foudre puisque j'ai deux cents mains pour combattre et non pas deux seulement comme le Cronide** (c'est-à-dire Zeus, Cronide signifiant tout simplement "fils de Cronos"). »

On mesure ici combien l'histoire s'est transformée depuis Apollodore, mais aussi comment les transformations sont pour ainsi dire « logiques », tout à fait significatives. Par exemple, ce n'est plus Pan le personnage clef, mais Cadmos. Pourtant, on voit bien qu'ils se ressemblent comme des frères : Pan est le dieu des bergers et l'inventeur de la syrinx. Or Cadmos se déguise en berger et c'est grâce à la syrinx qu'il va triompher de Typhon. On imagine assez bien comment, au fil des récits qu'on se transmettait bien davantage par oral que par écrit, de telles évolutions furent possibles.

À la fin, bien entendu, comme chez Hésiode et Apollodore, la victoire revient à Zeus. Mais plus que les autres, bien que dans le même esprit, Nonnos insiste sur l'harmonie retrouvée, sur la restauration de l'ordre cosmique qui fut si formidablement mis à mal au cours du conflit. Les morceaux de terre comme les astres du ciel vont retrouver leur place et la nature va les relier à nouveau harmonieusement entre eux pour reformer l'ordre cosmique :

« À la fin, l'intendante du cosmos, la nature primordiale, régénérée, cicatrise les flancs béants de la terre fracassée. Elle scelle à nouveau les cimes des îles détachées de leurs lits en les amarrant par des liens indissolubles. Le désordre ne règne plus parmi les astres : le Soleil rétablit près de la Vierge à l'épi le Lion à l'épaisse crinière qui avait quitté la route du zodiaque. La Lune ramène en arrière le Cancer qui avait bondi sur la face du Lion céleste et le fixe aux antipodes du Capricorne glacé. »

Bref, si l'on traduit en clair ce langage imagé, il signifie que tout est à nouveau en place, en ordre, que les astres ont retrouvé leur situation initiale, de sorte que Zeus peut tenir ses promesses en célébrant le mariage de Cadmos et d'Harmonie.
Alors, que reste-t-il de Typhon ? Deux fléaux pour les humains, et Nonnos, ici, est à nouveau fidèle à Hésiode. Sur la mer, les ouragans,

LES MORCEAUX DE TERRE COMME LES ASTRES DU CIEL VONT RETROUVER LEUR PLACE ET LA NATURE VA LES RELIER À NOUVEAU HARMONIEUSEMENT ENTRE EUX POUR REFORMER L'ORDRE COSMIQUE

Le Géant Typhon enterré sous le mont Etna, gravure française du XVIIIe siècle.

les tempêtes qu'on appelle justement des typhons, c'est-à-dire ces vents mauvais contre lesquels les malheureux mortels ne peuvent rien..., sinon mourir, justement. Et sur la terre, les terribles orages qui ravagent les cultures dans lesquelles les hommes ont mis tous leurs efforts et tous leurs soins. Ce qui signifie, le point est important, que c'est essentiellement pour les dieux, moins pour les hommes, que le cosmos a atteint désormais une forme de perfection. Toutes les forces du chaos sont sous contrôle, mais pour les débordements qui subsistent encore, ils sont du côté des seuls humains. Comme le souligne à juste titre Vernant, après la victoire de Zeus sur Typhon, le fait que les résidus de ses pouvoirs de nuisance subsistent exclusivement sur terre signifie que les dieux, comme toujours, expédient le temps, le désordre et la mort vers le monde sublunaire, du côté des mortels, l'univers des dieux étant désormais à l'abri de toutes les intempéries. C'est dire qu'à leurs yeux les imperfections qui restent sont mineures, inessentielles, voire distrayantes. Du reste, à bien y réfléchir, il n'est pas même certain qu'il s'agisse réellement d'imperfections. Comme je l'ai déjà suggéré : s'il ne restait un peu de désordre, un peu de dysharmonie et de déséquilibre, il ne se passerait plus rien ! Il n'y aurait plus de temps, plus d'histoire, et les dieux eux-mêmes finiraient par se lasser car un cosmos parfaitement harmonieux et équilibré serait tout figé. Il ne bougerait plus, il serait confiné dans l'immobilité la plus totale et on s'y ennuierait à mourir. En ce sens, il est heureux qu'il reste un peu de chaos, que Typhon vaincu, enfermé sous l'Etna ou le Vésuve, fasse entendre encore de temps à autre sa voix : voilà peut-être la signification ultime de ces jets de fumées et de ces souffles intempestifs qui subsistent à la fin de ce dernier épisode de la cosmogonie.

LA LUTTE CONTRE LES GÉANTS

Si l'on en juge d'après Hésiode, nous avons maintenant fait le tour des étapes par lesquelles sont passés les dieux de l'Olympe pour parvenir à créer le cosmos. Toutefois, selon certaines traditions plus tardives, dont Apollodore, comme à son habitude, se fait l'écho, il y aurait eu encore une étape intermédiaire entre la Titanomachie et la guerre contre Typhon – à savoir la « Gigantomachie », c'est-à-dire le « combat contre les Géants ». Selon cette version, en effet, Gaïa, avant de concevoir Typhon avec Tartare, aurait défendu les Géants révoltés contre les dieux. Je vous rappelle que les Géants sont des fils de Gaïa fécondée par le sang qui s'écoule sur elle en provenance du malheureux Ouranos dont le sexe a été tranché par son fils, Cronos. C'est d'ailleurs parce que ses enfants, les Géants, vont être anéantis par les Olympiens que, selon cette version de la légende, elle créera Typhon en représailles. Encore une fois, on ne trouve nulle trace de cette « Gigantomachie » dans les temps les plus anciens, ni chez Hésiode, ni chez Homère. L'hypothèse, cependant, n'est pas absurde : elle cadre bien avec l'épisode de Typhon, c'est-à-dire avec l'idée qu'il faut maîtriser progressivement toutes les

LES GÉANTS SONT DES FILS DE GAÏA FÉCONDÉE PAR LE SANG QUI S'ÉCOULE SUR ELLE EN PROVENANCE DU MALHEUREUX OURANOS DONT LE SEXE A ÉTÉ TRANCHÉ PAR SON FILS, CRONOS

forces du chaos, donc aussi celles que représentent les Géants, pour parvenir à équilibrer parfaitement le cosmos.
Voilà pourquoi il n'est pas inutile que je vous dise encore un mot de cette fameuse querelle.

LA GIGANTOMACHIE : LE COMBAT DES DIEUX ET DES GÉANTS

Les Géants appartiennent, comme Typhon, comme les Titans, au premier cercle des divinités les plus archaïques, celles qui sont encore proches de Chaos et qui menacent sans cesse la construction de l'ordre cosmique harmonieux, équilibré et juste que Zeus appelle de ses vœux. Cela dit, les Géants possèdent un statut très étrange parmi les dieux : en effet, bien qu'ils soient nés de Gaïa et d'Ouranos, donc, malgré leur origine purement divine, ce sont quand même des mortels. Enfin, pas tout à fait : ils peuvent être tués, mais à condition que ce soit à la fois par un dieu et par un mortel, homme ou demi-dieu (comme Héraclès) ! En outre, certains d'entre eux sont immortels tant qu'ils

LES GÉANTS POSSÈDENT UN STATUT TRÈS ÉTRANGE PARMI LES DIEUX, ILS PEUVENT ÊTRE TUÉS, MAIS À CONDITION QUE CE SOIT À LA FOIS PAR UN DIEU ET PAR UN MORTEL, HOMME OU DEMI-DIEU

ont les pieds posés sur la terre dont ils sont nés ! Où l'on voit qu'on s'approche de plus en plus de la synthèse recherchée entre chaos et cosmos : on a affaire à des êtres mixtes, ni tout à fait dieux, ni tout à fait hommes, des êtres qui sont donc potentiellement mortels ou immortels, c'est selon, voués à l'éternité mais aussi au changement et à la mort.

Leur situation intermédiaire est d'autant plus étrange qu'il existe, comme on va le voir dans le récit d'Apollodore, une herbe magique qui peut rendre les Géants tout à fait immortels – herbe dont Zeus va évidemment tout faire pour s'emparer avant que Gaïa ne puisse la donner à ses enfants.

Mais revenons d'abord aux origines du conflit. Saisis par cette arrogance proprement démesurée et folle que les Grecs nomment *hybris*, les Géants ont décidé de s'emparer de l'Olympe. Le poète Pindare y fait allusion à plusieurs reprises[2], mais c'est Ovide, dans les *Métamorphoses*, qui est sans doute le premier à nous en donner une version cohérente. Cela dit, comme souvent, il faut attendre Apollodore pour avoir enfin un récit détaillé de la gigantomachie. Comme Ovide, il place la gigantomachie avant le combat contre Typhon. Chez Apollodore, c'est en effet parce que Gaïa est furieuse que Zeus ait terrassé les Géants qu'elle « fabrique » Typhon afin de faire en sorte que les forces chaotiques et titanesques dont elle est aussi la mère ne disparaissent pas totalement au profit d'un ordre cosmique immuable et immobile.

C'est donc dans cette perspective qu'il faut lire ces deux récits, également significatifs du problème posé par la nécessité d'intégrer toutes les forces anti-cosmiques, sans exception aucune.

Chez Ovide, d'abord : le combat se déroule à une époque où la terre est peuplée par une race humaine, la race de fer, particulièrement corrompue, malhonnête et violente. Mais, ajoute Ovide, les hauteurs supérieures de l'éther – c'est-à-dire les sommets de l'Olympe où vivent les dieux – ne sont pas mieux loties que les régions inférieures. Elles ne constituent plus un asile sûr, car les Géants ont décidé de s'en rendre

2. Notamment dans une de ses œuvres, la première *Néméenne*, où il note que Gaïa a prévenu les dieux qu'ils ne pourraient gagner cette guerre qu'avec l'aide de deux demi-dieux, en l'occurrence Dionysos et Héraclès.

Guido Reni, *La chute des Géants*, vers 1635-1637.

ZEUS SE SERT DE SON ARME FAVORITE, LA FOUDRE, POUR FAIRE TOMBER LES MONTAGNES SUR LES GÉANTS QUI SE TROUVENT BIENTÔT ENSEVELIS SOUS DES MASSES COLOSSALES DE TERRE. BLESSÉS, ILS PERDENT DES FLOTS DE SANG

maîtres. Comme ils sont vraiment gigantesques, d'une force prodigieuse, ils entassent purement et simplement les montagnes les unes par-dessus les autres afin d'en faire une espèce d'escalier leur permettant de monter jusqu'à l'Olympe affronter les dieux ! Ovide ne nous dit pas grand-chose sur la guerre elle-même, sinon que Zeus se sert de son arme favorite, la foudre, pour faire tomber les montagnes sur les Géants qui se trouvent bientôt ensevelis sous des masses colossales de terre. Blessés, ils perdent des flots de sang et Gaïa, voulant éviter que cette race qui est, malgré tout, celle de ses enfants, ne s'éteigne à tout jamais, fabrique avec le mélange de sang et de terre qui s'échappe des décombres une nouvelle espèce vivante qui a « face humaine », mais qui respire la violence et le goût du carnage liés à ses origines.

Le récit d'Apollodore est plus circonstancié. Il décrit par le menu comment chacun des dieux de l'Olympe se colle à la tâche pour venir à bout des Géants : Zeus, bien sûr, mais aussi Apollon, Héra, Dionysos, Poséidon, Hermès, Artémis, les Moires, etc. Le combat est d'une extrême violence, terriblement sanglant – ce qui s'explique par les origines à la fois chaotiques et sanguinaires qui entourent la naissance des Géants. Par exemple, Athéna ne se contente pas de tuer celui qu'on nomme Pallas, mais elle l'écorche vif pour faire de sa peau une espèce de bouclier qu'elle colle sur son propre corps ! Quant à Apollon, il décoche l'une de ses flèches dans l'œil droit d'un de ses adversaires tandis que, de son côté, Héraclès en place une dans l'œil gauche ! En clair, on ne fait pas de quartier… Surtout, conformément à ce qu'écrit Pindare, il faut, pour venir réellement et définitivement à bout des Géants, qu'un mortel, homme ou demi-dieu, aide les Olympiens dans le combat : c'est Héraclès qui, chaque fois qu'un Géant est terrassé par un dieu, vient à sa rescousse pour l'achever. Mais, comme toujours, la force seule ne suffit pas. Gaïa, qui joue son habituel double jeu – à la fois elle veut la construction d'un cosmos équilibré, mais, en même temps, elle ne veut pas que les forces primordiales, celles du chaos, soient totalement éliminées –, projette d'aider les Géants en leur donnant une herbe qui les rendra immortels. Après tout, les Géants sont ses enfants et il est normal qu'elle les protège. Mais il y a, comme toujours avec elle, ce motif plus profond qui l'anime et que nous avons déjà rencontré dans la guerre contre Typhon : sans les forces chaotiques, le monde serait mort, plus rien ne s'y passerait. L'équilibre, l'ordre, sont sans nul doute chose nécessaire, mais s'il n'y avait qu'eux, l'univers serait figé. Il faut donc préserver aussi cette partie de sa descendance qui incarne, fût-ce au prix de la violence, cette part de mouvement qui est indispensable à la vie.

Cependant, Zeus, qui sait tout, la voit venir. Il demande alors au Soleil, Hélios, à la Lune et à Aurore de cesser d'éclairer la terre, de sorte que personne n'y voie plus rien. Cela lui laisse le temps de chercher la fameuse herbe magique qui pourrait rendre les Géants immortels. Et dès qu'il l'a repérée, il s'empresse – là est la preuve de son intelligence rusée, de sa *Métis* – d'aller lui-même couper toutes les herbes d'immortalité que Gaïa a fait pousser de sorte que les Géants n'ont plus aucune chance de gagner le combat.

Voici, pour donner une idée de la façon dont on racontait ces mythes, l'essentiel du récit original qu'en donne Apollodore :

Athéna et le Géant Encélade. Intérieur d'un plat attique à figures rouges.
Vers 525 av. J.-C. Musée du Louvre.

« Gaïa, indignée par le traitement infligé aux Titans, enfanta des œuvres d'Ouranos les Géants, insurpassables pour la taille et irrésistibles pour la force. Leur apparence était effrayante à cause de l'épaisse crinière qu'ils laissaient flotter depuis leur tête et leurs joues. Ils seraient nés selon certains à Phlégrai, selon d'autres à Pallène. Ils lançaient contre le ciel des rochers et des chênes enflammés. Porphyrion et Alcyoneus les surpassaient tous. Ce dernier était même immortel tant qu'il combattait sur la terre où il était né [...] Il existait chez les dieux un oracle qui disait que nul Géant ne pouvait périr par les dieux seuls mais que, si un mortel s'alliait aux dieux, les Géants mourraient. Quand elle l'apprit, Gaïa se mit en quête d'une drogue pour que les Géants ne puissent pas succomber non plus sous les coups d'un mortel. Mais Zeus défendit à Aurore, à la Lune et au Soleil de se montrer et, devançant Gaïa, il cueillit lui-même la plante, tout en faisant appel, par l'entremise d'Athéna, à l'alliance d'Héraclès. Héraclès, tout d'abord, frappa de ses flèches Alcyoneus mais, en tombant à terre, il retrouvait plus de vigueur. Sur le conseil d'Athéna, Héraclès l'entraîna hors de la Pallène, et c'est ainsi qu'il mourut. Mais Porphyrion, dans la mêlée, s'élança sur Héraclès et sur Héra. Zeus suscita en lui le désir de posséder Héra, et comme il déchirait ses vêtements et s'apprêtait à la violer, Zeus le frappa de sa foudre et Héraclès l'acheva d'une flèche. Quant aux autres, Apollon décocha une flèche dans l'œil gauche d'Éphiatès, Héraclès une autre dans son œil droit [...]. Athéna lança sur Encelade en fuite l'île de Sicile, elle écorcha Pallas et avec sa peau, dans la mêlée, elle couvrit son propre corps. Polybotès, poursuivi par Poséidon à travers la mer, parvient à Cos. Poséidon arracha un morceau de l'île, qu'il lança sur lui [...] les autres furent abattus par Zeus à coup de foudres, et tous, dans leur agonie, furent frappés par les flèches d'Héraclès. »

Trois choses me frappent dans cette description. **D'abord, comme toujours, l'extraordinaire créativité de la mythologie grecque.** Chaque fois, je me demande où ils sont été chercher tout ça, tous ces détails, tous ces « tiroirs », toutes ces histoires dans l'histoire, tous ces noms (avez-vous noté que chaque Géant a un nom, voire des caractéristiques particulières, comme Alcyoneus, qui reprend vigueur chaque fois qu'il touche sa mère, la terre ?). **Ensuite, c'est aussi ce mélange de cruauté et de sexe qui peut étonner.** Ici, on écorche vif et si on tire une flèche, c'est dans l'œil ; quant à Zeus, il n'hésite pas à se servir de sa femme pour rendre un Géant sexuellement si excité qu'il en perd la raison et devient une proie plus facile. **Enfin, c'est toujours le côté cosmique qui finit par dominer** : c'est carrément toute la Sicile qu'Athéna jette comme un vulgaire cailloux à la tête du Géant Encelade, quant à Poséidon, sans doute moins puissant qu'elle, c'est quand même avec tout un morceau d'île qu'il se bat contre Polybotès, manière de rappeler à l'auditeur de ces récits que c'est bien l'univers tout entier qui est aux mains des dieux, que c'est bien de la construction ou de la destruction du cosmos qu'il est question dans cette affaire.

Avec ces dernières péripéties, c'est donc toute la cosmogonie qui s'achève. Car ces deux guerres constituent les épisodes qui marquent la fin de l'histoire de l'édification du monde. Après la mort des Géants et la victoire de Zeus sur Typhon, les forces chaotiques qu'on a vues à l'œuvre tout au long de ce récit primordial sont enfin définitivement muselées ou, pour mieux dire, intégrées à l'ensemble et, au sens fort du terme, « remises à leur place », sous la terre. Le cosmos est désormais solidement installé. Sans doute reste-t-il encore, du côté des humains, quelques vents mauvais, quelques tremblements de terre assortis, le cas échéant, d'éruptions volcaniques. Mais en gros, l'univers ordonné, juste, beau, harmonieux et bon est édifié sur des bases enfin solides.

Scène de Gigantomachie : Poséidon affrontant Polybotès.
Vers 475-470 av. J.-C. Découvert en Étrurie. Cabinet des Médailles.

Reste à savoir quelle place les mortels que nous sommes vont bien pouvoir y occuper. Reste à voir aussi comment et pourquoi ils sont nés. Ce sera l'objet de notre prochain livret, consacré justement à la création de l'humanité mortelle par Prométhée.

Mais puisque j'ai pris ici le pari de relier mythologie et philosophie,

LE COSMOS EST DÉSORMAIS SOLIDEMENT INSTALLÉ. SANS DOUTE RESTE-T-IL ENCORE, DU CÔTÉ DES HUMAINS, QUELQUES VENTS MAUVAIS, QUELQUES TREMBLEMENTS DE TERRE ASSORTIS, LE CAS ÉCHÉANT, D'ÉRUPTIONS VOLCANIQUES. MAIS EN GROS, L'UNIVERS ORDONNÉ, JUSTE, BEAU, HARMONIEUX ET BON EST ÉDIFIÉ SUR DES BASES ENFIN SOLIDES

de montrer la continuité qui relie secrètement mythos et logos malgré leurs différences évidentes (le mythe est narratif, le logos philosophique se veut évidemment argumentatif), je voudrais vous monter comment ces constructions intellectuelles au départ purement mythiques ont pu donner lieu à ce qu'on a appelé parfois le « miracle grec », c'est-à-dire à la naissance de la philosophie. C'est là ce qu'on peut voir dans toute la grande tradition des philosophies cosmologiques, des sagesses cosmiques qui vont de Parménide aux stoïciens en passant par Platon et Aristote. Cela dit, le cas du stoïcisme est le plus illustratif, sans doute parce que la pensée stoïcienne est ce qu'on pourrait appeler une « philosophie populaire » où l'on voit au mieux comment la notion de cosmos, d'ordre harmonieux, a pu alimenter l'idée d'une sagesse consistant dans la mise en harmonie de soi avec l'harmonie du monde.

LES TROIS GRANDS AXES DE LA PHILOSOPHIE

Pour présenter la pensée stoïcienne et vous montrer les liens étroits qu'elle entretien avec la *Théogonie* d'Hésiode et les mythes qu'elle entretient, je suivrai la tripartition fondamentale que j'ai souvent évoquée dans mes livres parce qu'elle traverse toutes les grandes philosophies, depuis Platon et Aristote jusqu'à Nietzsche et Heidegger : la *théoria*, c'est-à-dire la contemplation ou la **connaissance du monde comme terrain de jeu de l'existence humaine** ; *la morale ou éthique* – je ne ferai pas de différence entre les deux termes : l'un vient du latin et l'autre du grec, mais il n'y a aucune raison *a priori* de les distinguer – , c'est-à-dire la considération du juste et de l'injuste, **des règles du jeu qui viennent pour ainsi dire ordonner et pacifier les relations humaines** ; et puis la *sotériologie, la doctrine du salut* ou de la sagesse, de la vie bonne, laquelle vient couronner cet édifice philosophique en indiquant ce qu'on pourrait appeler le sens de la vie, c'est-à-dire **le but du jeu**.

LA THÉORIA STOÏCIENNE, PREMIÈRE TÂCHE DE LA PHILOSOPHIE : LA CONTEMPLATION DU DIVIN COSMOS

Arrêtons-nous un instant à l'étymologie du mot *théoria* – en tout cas à l'une des étymologies possibles qui, à défaut d'être absolument certaine, possède à tout le moins l'avantage d'être déjà attestée dans la philosophie grecque. Étymologiquement, *théoria* viendrait du verbe *orao*, qui signifie tout simplement « voir », et de *théion*, qui désigne le « divin ». La *théoria* consisterait donc à « voir le divin », elle résiderait dans la contemplation du divin. Cela peut sembler *a priori* paradoxal, d'autant plus que je vous ai dit depuis le début de ces leçons que la philosophie, à la différence des religions, était une doctrine du salut *sans dieu*, une réflexion sur la vie bonne qui ne passe ni par la foi ni par un Être suprême, donc une spiritualité laïque ou une doctrine laïque de la sagesse. Or n'a-t-on pas ici, au cœur même du mot *théoria*, affaire à quelque chose de religieux, à savoir la contemplation du divin ? N'y a-t-il pas là une contradiction, ou à tout le moins, un paradoxe ?

L'idée de *théoria*, en vérité, peut recevoir une interprétation tout à fait

LA THÉORIA STOÏCIENNE, COMME ELLE L'ÉTAIT DÉJÀ CHEZ PLATON OU ARISTOTE, C'EST LA CONNAISSANCE DU MONDE, LA CONTEMPLATION DE L'ORDRE COSMIQUE

laïque, non religieuse, en tout cas pas au sens des grandes religions monothéistes. La *théoria* stoïcienne, comme elle l'était déjà chez Platon ou Aristote, c'est la connaissance du monde, la contemplation de l'ordre cosmique. Elle repose tout entière sur l'idée que le monde qui nous entoure est semblable – ou pour le moins analogue – à un gigantesque organisme vivant. Il est magnifique, harmonieux, ordonné, mille fois mieux organisé que toutes les machines humaines, même les plus perfectionnées. Il est semblable à ce qu'un médecin, un biologiste, un scientifique qui s'intéresse au vivant va découvrir lorsqu'il ouvre le ventre d'un lapin, d'une souris ou d'une grenouille : un organisme (un système organisé) merveilleusement bien fait. Tout est en place. Non seulement le système lui-même est bien fait, formidablement bien agencé, chaque organe étant parfaitement à sa place à l'intérieur de cette

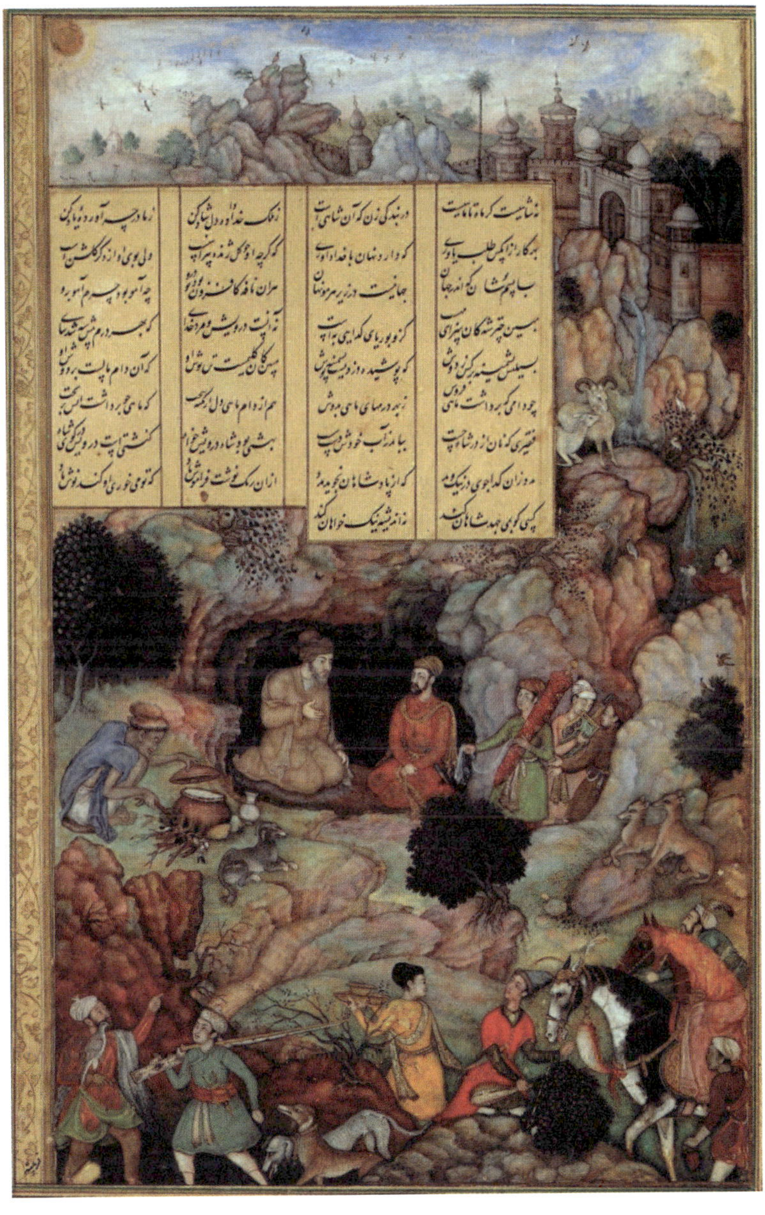

Alexandre rend visite au sage Platon,
miniature attribuée à Basawan, Lahore, XVIe siècle.

belle totalité qu'est l'organisme : le cœur, les poumons, les yeux, la rate, tout est bien placé ; mais en outre, chaque élément de cette belle harmonie est en lui-même une perfection : rien de mieux fait qu'un œil pour voir, que le système sanguin pour irriguer les muscles, que les poumons pour les oxygéner, etc.

La plupart des Grecs, et notamment les stoïciens, pensaient que le monde était semblable à un gigantesque organisme vivant. Dans le jargon philosophique, on appelle cette vision du monde un « hylozoïsme », ce mot désignant une vision du monde selon laquelle la matière qui nous entoure, la nature ou l'univers tout entier est comme un « gros animal » (du grec, *hylé*, la « matière, et *zôon*, l' « animal »). Il s'agit d'une forme d'animisme puisque l'ordre cosmique, l'univers matériel, comparé par les stoïciens à un gigantesque être vivant, est doté d'une âme, ce qu'on appelle déjà chez Platon l'« âme du monde ». Il est donc « animé », merveilleusement bien fait, harmonieux, juste, beau et bon. Quel rapport avec l'idée de divinité me direz-vous ? En quoi la connaissance de ce gros organisme vivant qu'est le cosmos a-t-elle quelque chose à voir avec l'idée de « *théoria* », de « voir le divin » ?

Ce qui domine la *théoria* stoïcienne, cette connaissance du monde qui va mobiliser aussi les sciences qu'on dirait aujourd'hui positives, la physique, la biologie, l'astronomie, la logique, les mathématiques, etc., c'est l'idée que cet ordre harmonieux, juste, beau et bon, est bel et bien divin, non pas au sens d'un dieu transcendant et créateur du monde, comme dans les grands monothéismes, mais au sens plus modeste où cette perfection qui nous entoure de toute part *n'a pas été créée par les humains*. Nous n'avons nullement fabriqué le cosmos, la nature qui nous entoure, nous ne l'*inventons* pas, nous la *découvrons*. Les mots ont un sens : « découvrir », ce n'est pas inventer ; découvrir, c'est lever un voile sur une réalité qui existe déjà, ce n'est pas la créer. Voilà l'activité intellectuelle par excellence : lever le voile sur un ordre du monde qui nous préexiste et qui va, à mesure que nous le connaîtrons, nous apparaître comme de plus en plus harmonieux, de plus en plus « divin ». Où l'on voit qu'ici le divin n'est nullement un dieu personnel, mais l'ordre du monde lui-même avec la perfection duquel il se confond – en quoi cette vision du monde héritée d'Hésiode est ce qu'on appelle un *panthéisme* en ce sens que c'est la totalité du monde qui est divine.

VOILÀ L'ACTIVITÉ INTELLECTUELLE PAR EXCELLENCE : LEVER LE VOILE SUR UN ORDRE DU MONDE QUI NOUS PRÉEXISTE ET QUI VA, À MESURE QUE NOUS LE CONNAÎTRONS, NOUS APPARAÎTRE COMME DE PLUS EN PLUS HARMONIEUX, DE PLUS EN PLUS « DIVIN »

Voilà pourquoi, dans la philosophie stoïcienne, trois mots grecs (qui sont, je crois, assez compréhensibles en français même pour qui n'a pas étudié les langues anciennes) vont être considérés comme équivalents : le *cosmos*, le *theion* – c'est-à-dire le divin –, et le *logos* : le *logos*, ce n'est pas simplement le langage, la parole. Le terme renvoie aussi à l'idée d'un ordre « logique », rationnel, compréhensible par la raison. Toute la philosophie théorique des stoïciens va être dominée par l'idée que l'ordre cosmique tout entier est à la fois divin et « logique ». Divin, parce que la perfection qui le caractérise n'est pas créée, produite par les humains (encore une fois, les humains la découvrent, ils ne l'inventent pas ; ils n'en sont d'ailleurs eux-mêmes qu'une petite partie, pas les auteurs) ; mais aussi logique ou rationnel, parce que la *théoria*, par exemple l'astronomie, va montrer que cet ordre du monde est agencé selon celui des causes et des raisons.

Logos, cosmos, theion sont donc trois mots qui se renvoient les uns aux autres et qui sont pratiquement équivalents dans cette partie théorique de la philosophie stoïcienne.
C'est en ce sens que Marc Aurèle dans ses *Pensées*, nous invite à réfléchir sur le fait qu'évidemment, si on regarde de trop près, si l'on a l'œil rivé à la vitre, on ne voit pas la beauté, la logique et la divinité de l'ordre cosmique. Mais dès qu'on prend un peu de champ – et voilà l'activité théorique par excellence ! –, dès qu'on regarde les choses d'un peu loin et que l'on prend une distance qui est celle de la réflexion et de l'intelligence, on s'aperçoit que cet ensemble cosmique est merveilleusement harmonieux.

Écoutons Marc Aurèle :
« La crinière du lion, l'écume qui coule de la gueule du sanglier, et bien d'autres choses, si on les observe en détail, sont sans doute loin d'être belles. Et pourtant, parce qu'elles dérivent du fait qu'elles sont engendrées par la nature, elles sont un ornement et elles possèdent leur charme. Et si l'on se passionnait pour les êtres de l'univers, si on avait une intelligence plus profonde, il n'est sans nul doute aucun d'entre eux qui ne paraîtraient une agréable créature. Même chez les vieux et les vieilles, on pourra voir une certaine perfection, une beauté, comme on verra la grâce enfantine si on a les yeux du sage. »

Pour le sage, même la bave du sanglier ou les rides engendrées par la vieillesse sont belles, parce qu'elles font partie d'un ordre qui est magnifiquement agencé si l'on considère la totalité et qu'on ne se limite pas aux seuls détails partiels. C'est justement cela qu'il s'agit de comprendre par la théorie, par une connaissance qui doit autant qu'il est possible s'appuyer sur toutes les sciences disponibles : l'astronomie, la biologie, la physique, les mathématiques, la logique, etc. Les grands philosophes de l'Antiquité se voulaient bons scientifiques. Mais loin de se borner à une science particulière, ils tentaient, à l'aide de toutes les connaissances disponibles, de se faire une image globale du monde, c'est-à-dire, pour revenir à notre métaphore, une image globale du terrain de jeu de l'existence humaine.

DEUXIÈME TÂCHE DE LA PHILOSOPHIE : PASSER DE LA THÉORIA À L'ÉTHIQUE

Pourquoi une image globale ? Pourquoi ne pas se limiter, comme le font les savants d'aujourd'hui, à une science positive particulière comme la biologie, par exemple, qui s'occupe d'abord des organismes vivants, ou l'astronomie, qui s'intéresse surtout aux planètes et aux étoiles, etc. ? Réponse : parce que, dans la perspective qui est celle de la philosophie antique, il s'agit de préparer par la *théoria* (par la connaissance de l'univers, du cosmos) le deuxième niveau de la philosophie : celui de l'éthique, de la philosophie morale, ce qui suppose justement une connaissance globale et non partielle de ce monde où notre existence va prendre place. Voilà pourquoi, pour l'essentiel, la morale stoïcienne – et cela vaut pour la plupart des grands penseurs grecs, comme nous l'avons vu déjà avec Homère et Hésiode, dont les stoïciens sont à cet égard les héritiers – va nous inviter à trouver notre place dans l'ordre cosmique, notre lieu naturel bien à nous au sein du Grand Tout de l'univers. De même qu'un organe doit être à sa place dans un organisme pour que le tout fonctionne harmonieusement et soit en bonne santé, il faut que chaque être humain soit à sa place dans l'ordre du monde, comme Ulysse à Ithaque et non à Troie, ou Zeus sur l'Olympe et point dans le ventre de son père – d'où le fait que le péché majeur, pour les Grecs, réside toujours, comme nous l'avons vu dans des livrets précédents, dans ce qu'ils

appellent l'*hybris*, dans cette démesure qui pousse les humains, par arrogance et par orgueil, à vouloir plus que leur part, à vouloir toujours s'élever au-dessus de leur condition naturelle.
Cela dit, trouver sa juste place dans l'ordre cosmique ne va pas de soi. Cela suppose au préalable que l'on dispose d'une vue de l'ensemble, que l'on ait acquis, donc, la connaissance du tout cosmique, de l'univers dans sa globalité, bref, cela suppose d'abord la *théoria*. On ne peut

DE MÊME QU'UN ORGANE DOIT ÊTRE À SA PLACE DANS UN ORGANISME POUR QUE LE TOUT FONCTIONNE HARMONIEUSEMENT ET SOIT EN BONNE SANTÉ, IL FAUT QUE CHAQUE ÊTRE HUMAIN SOIT À SA PLACE DANS L'ORDRE DU MONDE

pas trouver sa place dans l'univers si l'on n'a pas de celui-ci une idée globale. Y trouver sa place, voilà la première et principale recommandation de l'éthique stoïcienne et une science qui en resterait seulement à des morceaux du Grand Tout n'y suffirait pas.
Avant d'entrer plus avant dans l'analyse des principes fondamentaux de cette morale, il faut encore insister, d'un point de vue strictement théorique, sur deux aspects de l'ordre cosmique.
J'ai dit qu'il était, aux yeux des stoïciens, divin et logique, qu'il était harmonieux, juste, beau et bon, bref, qu'il était comme un bel organisme vivant. Si la théorie nous dévoile l'ordre du monde, la morale, elle, consiste pour l'essentiel à essayer de trouver sa place dans cet ordre

Alexandre consultant l'oracle d'Apollon, huile sur toile de 1789 par Louis Jean François Lagrenée (1724-1805).

cosmique, comme un organe doit avoir sa juste place dans un organisme – sans quoi l'organisme fonctionne mal et l'organe lui-même dépérit. *Dans cette philosophie, la théorie est donc tout entière tendue vers un deuxième niveau de réflexion, qui est le niveau moral.* Je citerai un petit texte de Cicéron qui, sur ce point, est particulièrement pertinent. Dans un commentaire célèbre de la pensée stoïcienne qui figure dans son livre *Des fins des biens et des maux*, il écrit ceci :
« Celui qui veut vivre en accord avec la nature doit partir de la vision d'ensemble du monde et de la Providence. »

« Celui qui veut vivre en accord avec la nature » : tel est le but même de la morale. Le juste, c'est ce qui est ajusté au cosmos. S'ajuster, s'ajointer à l'ordre du monde, voilà bien toute la finalité de l'éthique. Mais celui qui veut vivre en accord avec la nature doit d'abord partir de la *théoria* (c'est-à-dire d'une vision globale du monde, pour savoir comment y trouver sa place), d'une connaissance aussi juste que possible de la Providence (la Providence étant à entendre ici au sens du destin, au sens de ce qui est déterminé depuis des temps immémoriaux par une série logique, rationnelle, de causes et d'effets, comme le veut le rationalisme stoïcien).
Et Cicéron d'ajouter ceci, qui vient compléter la première formule :
« **On ne peut porter des jugements vrais sur les biens et sur les maux, sans connaître le système entier de la nature** », donc sans savoir à quelles conditions la nature humaine peut se mettre en accord avec la nature universelle.
Sans la physique (sans la *théoria*), on ne peut rien comprendre, précise encore Cicéron, à la signification essentielle des anciennes maximes des Sages : « Obéis aux circonstances », « Suis Dieu », « Connais-toi toi-même », et « Rien de trop ». Ces deux dernières

formules figurent au fronton du temple de Delphes et sont cruciales dans l'imaginaire grec. Il importe de bien comprendre ce qu'elles veulent dire.

« Connais-toi toi-même » : la formule n'a rien à voir avec la psychanalyse ou avec une philosophie de l'introspection. Elle signifie : « Sache qui tu es et où tu es dans le monde. » Complétée par « Rien de trop », elle rappelle ce que je vous disais tout à l'heure, à savoir que le plus grand péché, pour les Grecs (dans toute la mythologie mais aussi dans cette

S'IL S'AGIT DE « SE CONNAÎTRE SOI-MÊME », C'EST POUR OBÉIR À L'AUTRE FORMULE : « RIEN DE TROP ! » LA THÉORIE EST DONC LE PRÉALABLE À LA MORALE : IL FAUT S'AJUSTER À L'ORDRE DU MONDE ET, POUR Y PARVENIR, IL FAUT D'ABORD LE CONNAÎTRE

tradition « cosmologique » qui va de Parménide aux stoïciens en passant par Platon et Aristote), est l'*hybris*, l'arrogance, la démesure, le fait de ne pas être à sa place, de se prendre pour quelqu'un d'autre. « Pour qui se prend-il ? » dit-on parfois, et c'est bien de cela qu'il s'agit lorsque les Grecs évoquent l'*hybris* : celui qui se prend pour un dieu, comme Tantale, qui a l'audace insigne de vouloir tester leur omniscience en leur servant un repas composé avec la viande de son propre fils, Pélops, est puni : il n'est pas à sa place, il s'est pris pour l'égal des dieux qu'il a voulu défier de manière arrogante. Il a péché par la nourriture, il sera puni par la nourriture ! « Connais-toi toi-même » signifie donc : sache qui tu es, pour pouvoir trouver ta juste place dans le monde et pas une place supérieure à celle qui te revient. En ce sens, s'il s'agit de « se connaître soi-même », c'est pour obéir à l'autre formule : « Rien de trop ! » La théorie est donc le préalable à la morale : il faut s'ajuster à l'ordre du monde et, pour y parvenir, il faut d'abord le connaître. Voilà une idée bien intéressante : le juste – au sens de la justice –, c'est la justesse. La justice, c'est la justesse. Comme un luthier ajuste les cent vingt pièces de bois qui forment un violon, pour que le violon sonne, pour qu'il soit en harmonie, de la même manière, la morale stoïcienne nous invite à nous ajuster, toujours sur le modèle d' Ulysse, à l'ordre du monde, après avoir compris quelle est notre juste place à l'intérieur de cet ordre cosmique.

Voilà aussi pourquoi l'enseignement de la philosophie stoïcienne, contrairement à ce qui se passe aujourd'hui dans nos lycées ou dans nos universités, développait tout un volet pratique. C'est là un point extrêmement intéressant, que Pierre Hadot a bien mis en lumière, notamment dans son beau livre consacré à Marc Aurèle, *La Citadelle intérieure*. L'enseignement de l'école n'était pas simplement transmis aux élèves sous la forme d'un discours, mais il comportait des exercices pratiques de morale appliquée.

Ces exercices peuvent nous faire sourire aujourd'hui, mais leur signification est extrêmement profonde. Zénon, le père fondateur de l'école stoïcienne, avait été l'élève des cyniques, et notamment de Cratès. Étymologiquement, les « cyniques », en grec, ce sont les « chiens ». On comparaît les cyniques, qui étaient donc les maîtres des premiers stoïciens, à des chiens, et ce pour deux raisons que nous allons retrouver dans ces exercices pratiques de morale appliquée chers aux stoïciens. La première raison c'est que, sur les places des marchés à Athènes, ils s'amusaient à asticoter les gens, à leur poser des questions pour les sortir de leurs « certitudes bourgeoises », comme on dirait aujourd'hui, pour les inciter à la réflexion philosophique. Ils titillaient donc les

« bourgeois » comme des roquets viendraient vous mordiller les mollets ou les chaussures. La seconde raison est plus profonde : on les comparaît à des chiens parce qu'ils étaient, à ce qu'on dit, très sales, hirsutes et débraillés, et qu'ils se comportaient comme des chiens, qui vont mettre le museau là où il ne faut pas, qui font leurs besoins devant tout le monde, sans la moindre bienséance ni la moindre pudeur.

LES CYNIQUES GRECS AVAIENT DÉJÀ CETTE IDÉE, REPRISE PAR LES STOÏCIENS, QUE LA VRAIE MORALE CONSISTE À S'AJUSTER À L'ORDRE COSMIQUE, DONC À VIVRE EN HARMONIE, EN ACCORD AVEC LA NATURE

Quel rapport avec les cyniques ? Il tient bien sûr au fait que les cyniques grecs avaient déjà cette idée, reprise par les stoïciens, que la vraie morale (qui, selon un mot de Pascal, « se moque de la morale », c'est-à-dire des conventions artificielles) consiste à s'ajuster à l'ordre cosmique, donc à vivre en harmonie, en accord avec la nature. Or la nature, comme on le voit chez les chiens, se moque bien de la pudeur et de la bienséance, du moins telles qu'elles sont définies par les « bourgeois ». Qu'est-ce, en effet, que vivre en accord avec la nature ? C'est d'abord se moquer du qu'en-dira-t-on, des conventions, des codes artificiels de la civilité construite par les humains qui s'autoproclament « civilisés ». Il s'agit donc de se débarrasser de ce fatras de principes artificiels, afin de vivre en accord avec la vraie nature, et pas avec la prétendue civilité de ces citoyens de Rome ou d'Athènes qui ne vivent plus en accord avec l'ordre cosmique parce qu'ils sont entrés dans une société, aux yeux des cyniques comme aux yeux des stoïciens, déjà dégradée.

On retrouvera cette idée chez Rousseau. Le vrai sage est celui qui se moque des conventions mais qui, en revanche, respecte la nature – comme le chien, finalement. **Aux yeux du bourgeois, le chien est sale et « mal élevé », mais aux yeux du cynique ou du stoïcien, il est simplement naturel.** De là leurs provocations, destinées bien sûr à faire réfléchir les autres, à les sortir de leurs certitudes enkystées et de leur torpeur dogmatique.

Voilà pourquoi stoïciens et cyniques recommandaient des exercices de sagesse à leurs élèves. On raconte qu'ils les obligeaient, par exemple, **à tirer un poisson mort sur la place publique, les jours de marché à Athènes** – ou à Rome, du reste. Évidemment, on se moquait du malheureux élève qui tirait comme un petit chien au bout d'une laisse son poisson mort : il était victime de tous les quolibets possibles et imaginables. Quel était le but de l'exercice ? Il visait à apprendre à l'élève, justement, à se moquer du qu'en-dira-t-on, afin de se *convertir* – au sens étymologique du terme : c'est-à-dire de détourner son regard des conventions artificielles pour le jeter vers la nature, vers l'ordre cosmique. La finalité de cet exercice était de commencer à porter un œil neuf sur l'ordre cosmique afin de le comprendre (par la *théoria*). Le premier pas du disciple stoïcien était donc de se déprendre du poids du qu'en-dira-t-on et des conventions sociales pour être d'abord capable de connaître la nature véritable de l'univers, mais pour pouvoir aussi, dans un second temps, grâce à ce savoir rare et précieux, vivre enfin en accord avec elle.

On mesure ici à quel point cet enseignement était un enseignement pratique. Il s'agissait à proprement parler d'*apprendre à vivre*, et pas simplement d'apprendre à parler ou même à penser. La sagesse était d'abord et avant tout une sagesse pratique, même si elle devait passer, comme je vous l'ai dit, par beaucoup de théorie.

Diogène Laërce évoque encore un deuxième exercice. Il raconte que **Cratès** (le maître de Zénon, l'un des plus grands penseurs de la tradition cynique), **qui habitait une grotte assez infâme à Athènes et qui était marié à une femme, Hipparchia**, dont on dit qu'elle était très belle, prenait soin de faire l'amour en public avec elle. On dit de lui qu'il était très sale – c'est en tout cas l'image que l'on en a, mais c'est sans doute plus une métaphore ou un symbole, car bien évidemment toutes ces biographies sont mythiques : elles ont une signification philosophique, et il ne faut sans doute pas les prendre au pied de la lettre. On dit que lorsque Cratès faisait l'amour avec Hipparchia, il prenait soin de lever le rideau qui fermait sa caverne afin que tout le monde en profite, ce qui, bien évidemment, « choquait le bourgeois ». C'était du reste le but, puisqu'il s'agissait au fond de leur adresser le message suivant : « Vivez si vous voulez selon les conventions artificielles, moi je vis selon la nature, et faire l'amour avec sa femme n'a rien de scandaleux, n'a rien d'antinaturel, c'est au contraire parfaitement conforme à l'ordre du monde. » Il obéissait donc à une double stratégie qui consistait bien sûr à « choquer le bourgeois » mais aussi, en même temps, à se déprendre soi-même du regard des autres, pour vivre vraiment dans la sagesse.

VAINCRE LA MORT : DE L'ÉTHIQUE À LA DOCTRINE DU SALUT

Mais, comme je vous l'ai dit, la théorie et la morale, si importantes soient-elles, ne sont pourtant que des préalables à la troisième partie de la philosophie, la partie la plus haute et la plus importante, à savoir la doctrine de la vie bonne, la doctrine de la sagesse et du « salut » : la sotériologie. C'est le troisième niveau de la réflexion philosophique. *Soterios*, en grec, veut simplement dire « le salut ». Le

« salut », étymologiquement, c'est « ce qui sauve », ou, plus exactement, c'est « le fait d'être sauvé ». Sauvé de quoi ? Des peurs, qui nous empêchent d'accéder à la vie bonne, évidemment, parce qu'elles nous interdisent de penser et d'aimer librement – en particulier la peur de la mort. Quand l'angoisse s'empare de nous, nous devenons très rapidement aussi stupides qu'égocentriques : nous pensons mal, et d'abord à nous, ce qui est le contraire même de la sagesse. Quel rapport y a-t-il entre ce que nous venons de voir, la *théoria* (la contemplation de

LE « SALUT », ÉTYMOLOGIQUEMENT, C'EST « CE QUI SAUVE », OU, PLUS EXACTEMENT, C'EST « LE FAIT D'ÊTRE SAUVÉ ». SAUVÉ DE QUOI ? DES PEURS, QUI NOUS EMPÊCHENT D'ACCÉDER À LA VIE BONNE, ÉVIDEMMENT, PARCE QU'ELLES NOUS INTERDISENT DE PENSER ET D'AIMER LIBREMENT – EN PARTICULIER LA PEUR DE LA MORT

l'ordre cosmique), puis l'éthique, entendue comme la volonté de s'ajuster à l'ordre du monde, et enfin la sotériologie, la question du salut, de la victoire sur les peurs, de la sagesse ou de la vie bonne ?

Dans la pensée stoïcienne (mais aussi dans la culture dominante des Grecs : souvenez-vous, ici encore, de l'histoire d'Ulysse et de son retour à Ithaque), lorsque le sage parvient à s'ajuster à l'ordre du monde, à vivre en harmonie avec l'harmonie cosmique, comme les petites pièces du violon que j'évoquais tout à l'heure, alors il devient lui-même un fragment d'éternité, puisque le cosmos est éternel immortel, si je puis dire. Et dans ces conditions, la mort n'est plus à ces yeux la fin tant redoutée, mais seulement un passage, une transition d'un état

Trois philosophes,
peinture de Giorgione (1477-1510).

à un autre. C'est ce que les stoïciens ne cessent de répéter dans leurs œuvres : la mort n'est pas effrayante, ce n'est qu'un passage de l'état de vivant à l'état de matière inanimée, mais ce n'est pas une perte ni un néant. La mort est une transition. Lorsqu'on est un fragment d'éternité, on est soi-même éternel. On est un atome de cosmos. Comme le suggère un beau texte d'Épictète que nous avons déjà rencontré, le stade suprême de la sagesse consiste à comprendre que nous sommes bel et bien un fragment d'éternité :

« Les feuilles tombent, la figue sèche remplace la figue fraîche, le raisin sec la grappe mûre, voilà selon toi des paroles de mauvais augure ? En fait, il n'y a là que la transformation d'états antérieurs en d'autres états. Il n'y a pas de destruction, mais un aménagement et une disposition bien réglés. »

Où l'on retrouve la notion de déterminisme, d'ordre du monde, cette idée que le destin est bon et qu'il faut l'accepter, sans quoi on sera semblable à ce petit chien souffrant qui est traîné par le chariot et qui voit ses pattes s'user sur les graviers.
Mais le texte continue :

« L'émigration n'est qu'un petit changement, la mort en est un plus grand, mais il ne va pas de l'être au non-être (par « émigration », Épictète entend le "bannissement", qui est la punition suprême pour les Grecs, pire que la mort puisqu'on est expulsé hors de ce microcosmos qu'est la cité et qu'on ne peut ainsi plus atteindre la sagesse ni la vie bonne). **C'est seulement ce que nous sommes actuellement – l'« être actuel » – qui va mourir, mais pas la totalité de ce que nous sommes : « — *Alors je ne serai plus ?* demande le disciple » et la**

Le Retour d'Ulysse à Ithaque,
par Gérard de Lairesse (1640-1711).

réponse d'Épictète tombe aussitôt : « — *Tu ne seras pas ce que tu es, mais tu seras autre chose dont le monde aura tout autant besoin.* »
L'idée selon laquelle la mort n'est pas la fin de toutes choses, mais seulement un passage, le moment où l'humain se fond dans le cosmos est rassurante, de sorte que le sage apparaît bien comme celui qui a vaincu les peurs. Il n'est pas dans le bonheur au sens d'une satisfaction complète de tous les désirs ; il est dans le bonheur au sens de la sérénité, au sens où il n'est plus déchiré et coincé par les peurs.
J'y reviens encore un instant : le sage est comme Ulysse à la fin de l'*Odyssée*, lorsqu'il a rejoint Ithaque et qu'il est réconcilié avec l'ordre du monde. Il est, lui aussi, ajusté, « ajointé » au cosmos. C'est alors, souvenez-vous, que les dieux distendent l'instant que vit Ulysse au moment où il retrouve Pénélope dans le lit nuptial. Cette métaphore de l'instant distendu, c'est la métaphore de l'instant devenu lui aussi atome d'éternité, fragment d'éternité, c'est-à-dire instant qui n'est plus angoissant parce qu'il n'est plus relativisé par la nostalgie du passé ou par l'espérance du futur. Espérance et nostalgie tenaillent le fou et disparaissent chez le sage. Ulysse est fou – au sens où il est « non sage » – tant qu'il est en voyage, qu'il est en guerre, et qu'il n'est pas à Ithaque. **Pendant les vingt années où il est « délocalisé », hors de lui et hors de chez lui, il est dans la nostalgie ou dans l'espérance d'Ithaque, pas dans l'amour Ithaque. Mais une fois rentré, il est réconcilié avec le temps, il habite le présent, *carpe diem*, dirait Horace. Il peut vivre le présent : *amor fati*, dira Nietzsche.**

Les stoïciens, je vous le disais, ont développé des exercices de morale (traîner un poisson mort, faire l'amour en public avec sa femme – ce qui, curieusement, est un exercice de morale, nous avons maintenant compris pourquoi), mais ils ont aussi élaboré des exercices de sagesse, c'est-à-dire, à ce niveau supérieur, des exercices par lesquels le disciple est appelé à se débarrasser des peurs, du poids du passé comme des mirages du futur. Lorsque le sage stoïcien est ajusté à l'ordre du monde, lorsqu'il a trouvé sa place dans l'ordre cosmique, et qu'il comprend, par conséquent, puisque le cosmos lui-même est éternel, qu'il est un fragment d'éternité, un atome de cosmos, et que la mort n'est qu'un passage, il est, en quelque sorte, en position de vaincre, sinon la mort elle-même (la mort individuelle est inévitable), du moins une grande partie de la peur qu'elle inspire aux hommes ordinaires. Pierre Hadot a bien montré dans ses travaux sur l'Antiquité que, dans toutes les grandes écoles

LES STOÏCIENS ONT AUSSI ÉLABORÉ DES EXERCICES DE SAGESSE, C'EST-À-DIRE, À CE NIVEAU SUPÉRIEUR, DES EXERCICES PAR LESQUELS LE DISCIPLE EST APPELÉ À SE DÉBARRASSER DES PEURS, DU POIDS DU PASSÉ COMME DES MIRAGES DU FUTUR

grecques, la philosophie n'avait pas avant tout pour but premier de développer un discours, mais bel et bien de nous conduire vraiment à la sagesse, de manière pratique, concrète. C'était un apprentissage de la vie, non un enseignement portant sur la rhétorique de la dissertation, comme on le croit aujourd'hui dans nos examens et nos concours.

EN GUISE DE CONCLUSION

LA VICTOIRE DU CHRISTIANISME SUR LA PENSÉE GRECQUE ET LA TRANSFORMATION DE LA PHILOSOPHIE EN « SCOLASTIQUE »

Pourquoi la philosophie scolaire et universitaire, telle qu'on la pratique encore chez nous en classe de terminale, a-t-elle totalement refoulé cette mission fondamentale qui était d'abord et avant tout la sienne à l'origine ? Là encore, les travaux de Pierre Hadot sont précieux. Ils montrent comment, à partir du moment où, tout au long du Moyen Âge, le christianisme va l'emporter sur la philosophie grecque, la religion s'arrogera le monopole de la définition légitime de la vie bonne et du salut. Du coup, la philosophie sera renvoyée à une tâche inférieure, beaucoup moins essentielle que celle de la théologie. Elle n'aura plus le droit, sous peine de représailles terribles venant de l'Église, de s'occuper de la sagesse, de la vie bonne et du salut pour devenir, selon le mot d'un théologien du Moyen Âge, saint Pierre Damien, simple « servante de la religion ».

Avec la domination de la religion chrétienne, la philosophie n'aura plus pour tâche de définir la vie bonne, comme chez les Grecs, mais

AVEC LA DOMINATION DE LA RELIGION CHRÉTIENNE, LA PHILOSOPHIE N'AURA PLUS POUR TÂCHE DE DÉFINIR LA VIE BONNE, COMME CHEZ LES GRECS, MAIS SEULEMENT D'ANALYSER LES CONCEPTS seulement d'analyser les concepts (la substance, l'accident, l'être, le néant, le beau, le vrai, le bien, etc.). Elle va devenir une discipline scolaire, une « scolastique » se réduisant à une simple analyse critique, une discussion sur le sens des mots, ce que Kant nommera, non sans mépris, la *philosophia generalis*, la philosophie qui se contente d'argumenter à propos de notions abstraites, pour ne pas dire de couper les cheveux en quatre dans des exercices scolaires purement rhétoriques.

C'est cet exercice philosophique que nous avons malheureusement très largement conservé sous la forme de la dissertation : le beau, est-ce ceci ou cela ? Qu'est-ce que le juste ? Est-ce que le vrai peut être atteint par démonstration ? Qu'est-ce que la science, l'espace, le temps, le bien, le mal, l'histoire, la perception, la valeur de l'exemple ?, etc. etc. On n'en finit pas de multiplier les questions plus ou moins oiseuses. Trop souvent, les professeurs sont contraints par des programmes irréfléchis, d'inviter aujourd'hui leurs élèves à discuter de grands concepts vagues, de grandes questions qu'ils sont, les malheureux, à des années-lumière de pouvoir résoudre réellement. On les somme de développer une analyse critique qui les dépasse de toute part, une argumentation, une réflexion auxquelles ils ne sont pas aptes. Ça peut bien entendu avoir un sens en termes d'instruction civique, d'apprentissage de l'éthique de la discussion, mais cela n'a aucun rapport avec la vraie philosophie. Cette conception de la philosophie n'était pas celle des Grecs, et je pense qu'ils avaient profondément raison. Voilà aussi pourquoi ils ajoutaient dans les écoles, aux trois étages de la philosophie que nous venons d'exposer – théoria, morale, sotériologie (doctrine du Salut) –, des exercices, non plus simplement de morale, mais aussi de sagesse pratique.

Donnons-en quelques exemples.
Un premier type d'exercice consistait à s'habituer à vivre au présent, à pratiquer le *carpe diem*, l'*amor fati*, l'amour de ce qui est là, ici et maintenant. C'est en ce sens que les sages stoïciens ne cessent d'inviter leurs disciples à ne pas regretter en permanence les événements passés, à ne pas être dans la nostalgie, dans les remords, les regrets et les culpabilités – dans les « passions tristes », pour parler toujours comme Spinoza. Quand il nous arrive un pépin anecdotique dans la vie de tous les jours, lorsque, par exemple, on a manqué son train ou son avion, qu'on est en retard à un rendez-vous et que cela nous paraît très grave sur le coup, parce qu'il s'agit d'un rendez-vous important, il faut se dire que, dans trois mois, on n'y pensera plus. Même pas dans trois mois, dans deux jours en vérité. Sur le moment, on est tétanisé d'angoisse, on transpire, on court, c'est toute une affaire. Si l'on y pense avec un peu de distance, un peu de champ, c'est évidemment absurde. Il faut apprendre à habiter le présent quel qu'il soit, à prendre les aléas comme ils viennent. Je ne dis pas que c'est facile, mais c'est l'idée que les exercices de sagesse stoïciens essayaient de mettre en pratique. On raconte qu'Épictète, devenu esclave d'un maître sévère et injuste, disait pouvoir supporter toutes les tortures. Son maître, pour vérifier la justesse de la philosophie stoïcienne, s'était amusé à lui casser la jambe. Épictète avait supporté la douleur sans broncher – de là, du reste, le sens courant du mot « stoïque » dans la langue ordinaire : celui qui reste de marbre sous les coups du sort, qui encaisse la souffrance sans se plaindre. De telles anecdotes sont sans doute plus ou moins légendaires. Elles sont probablement plus philosophiques qu'historiques et factuelles. Mais elles n'en révèlent pas moins une vérité, celle du disciple qui s'exerce, quoi qu'il arrive, à habiter joyeusement le présent, à dire « oui » au présent –, à dire « oui »

à ce qui est –, formule que l'on retrouvera encore chez Nietzsche. **Un deuxième type d'exercice** pratique consistait à se débarrasser, non plus seulement du passé – ou des petites choses du présent qui nous tyrannisent et nous empêchent d'habiter le véritable présent (qui est un présent plus large, plus épais et plus calme que le présent fugitif et anecdotique de nos vies quotidiennes) –, mais aussi des illusions de l'espérance. L'espérance est en effet, pour les stoïciens, la pire des choses. André Comte-Sponville a formulé excellemment la critique stoïcienne (et d'ailleurs aussi bouddhiste : c'est fondamentalement la même) de l'espérance : « **Espérer**, dit-il, **c'est désirer sans jouir, sans savoir et sans pouvoir**. » Reprenons les trois termes en imaginant quelqu'un qui est malade et qui espère la santé. Si j'espère la santé, c'est que je n'en jouis pas. Donc, c'est un malheur ; ce n'est pas un bonheur, ce n'est pas une joie. Désirer la santé, c'est par définition une « négativité » : c'est désirer ce qu'on n'a pas, par conséquent sans

UN DEUXIÈME TYPE D'EXERCICE PRATIQUE CONSISTAIT À SE DÉBARRASSER, NON PLUS SEULEMENT DU PASSÉ – OU DES PETITES CHOSES DU PRÉSENT QUI NOUS TYRANNISENT ET NOUS EMPÊCHENT D'HABITER LE VÉRITABLE PRÉSENT, MAIS AUSSI DES ILLUSIONS DE L'ESPÉRANCE

en jouir, mais c'est aussi désirer sans savoir. Car j'ignore, quand on m'annonce que je suis atteint d'une maladie grave, si et quand je vais en guérir. J'attends la santé, je l'espère, et je suis d'autant plus plongé dans l'espérance que je suis dans l'ignorance de ce qui arrivera. Et je suis aussi dans l'impuissance, puisque je ne peux pas la faire ad-

Héraclite
par Gerrit Dou
(1613-1675).

venir comme je le souhaiterais. Si je le pouvais, je le ferais aussitôt, mais c'est très loin de dépendre entièrement de moi. Je suis donc dans la non-joie, dans la non-jouissance, je suis dans l'ignorance et je suis dans l'impuissance. En ce sens, l'espérance est la pire des choses ou, comme le dit Spinoza, il n'y a pas d'espérance sans peur.

Notez au passage combien cette philosophie est par avance anti-chrétienne : « N'entrez pas dans l'espérance », pourrait dire le sage stoïcien, par opposition au titre de l'encyclique de Jean-Paul II intitulée : *Entrez dans l'espérance* ! Surtout pas ! dirait le stoïcien qui développe alors toute une batterie d'exercices pratiques destinés à nous éviter de céder à cette maladie de l'âme qu'est à ses yeux l'espoir : essayer de profiter de la vie comme elle est, même si elle est une vie abîmée, défectueuse, la vivre quand même tant qu'elle est vivable et tant qu'elle peut avoir quelque charme.

(Parenthèse pour éviter un malentendu fréquent : je ne dis pas ici que cette vision stoïcienne est juste en tout point, encore moins qu'elle correspond à ma propre philosophie – ce qui est très loin d'être le cas. Je dis seulement qu'elle mérite d'être comprise, qu'elle nous pose un vrai défi intellectuel par rapport à nos schémas ordinaires, si souvent hérités du christianisme. Il me semble en plus qu'elle comporte au moins une certaine part de vérité. Mais encore une fois, il ne s'agit pas ici de ce que je pense, mais de comprendre la logique interne d'une grande pensée que je m'efforce de clarifier.)

Le troisième type d'exercice concerne le « non-attachement ». On retrouvera cette idée quasiment à l'identique dans le bouddhisme, qui est à bien des égards l'équivalent oriental du stoïcisme. Jamais sans doute deux visions du monde ne se sont autant rapprochées que la vision bouddhiste et la vision stoïcienne. Stoïciens et bouddhistes considèrent, en effet, qu'il ne faut surtout pas s'attacher, ni aux êtres ni aux choses. Ne vous attachez ni à l'argent, ni à des objets, objets d'art ou souvenirs, par exemple ; mais ne vous attachez pas non plus à ceux que vous aimez, à vos filles, à vos fils, à vos maris, à vos épouses, à vos parents, à vos frères, à vos sœurs, à vos amis. Pourquoi ? Le raisonnement est exactement le même que dans le bouddhisme : s'attacher est une folie, le contraire de la sagesse, parce que la réalité du monde est la non-permanence des choses (« *pánta rheî kaì oudèn ménei* », disait déjà Héraclite, « tout passe », « tout coule et rien ne demeure »). Si je m'attache à quelque chose ou à quelqu'un, c'est pure folie, parce que cet attachement, un jour ou l'autre, me fera terriblement souffrir. Le jour où

SI JE M'ATTACHE À QUELQUE CHOSE OU À QUELQU'UN, C'EST PURE FOLIE, PARCE QUE CET ATTACHEMENT, UN JOUR OU L'AUTRE, ME FERA TERRIBLEMENT SOUFFRIR. LE JOUR OÙ CET ÊTRE MOURRA, LE JOUR OÙ L'OBJET SE BRISERA OU ME SERA VOLÉ, JE SERAI PLONGÉ DANS LE MALHEUR. NE PAS S'ATTACHER EST UNE PRÉCAUTION FONDAMENTALE DU STOÏCISME

cet être mourra, le jour où l'objet se brisera ou me sera volé, je serai plongé dans le malheur. Ne pas s'attacher est une précaution fondamentale du stoïcisme et, là aussi, beaucoup d'exercices ont été inventés dans les écoles pour y travailler. Bien entendu, il faut préciser que cette pratique du « non-attachement » n'implique aucune attitude de mépris ou d'indifférence. Comme les bouddhistes, les stoï-

Statuette d'un Géant.

ciens n'ont cessé de cultiver les valeurs de l'amitié et de la compassion pour autrui. Mais ils nous invitent à les pratiquer hors des effets négatifs de ces liens qui se tissent au cours de la vie et qui nous ôtent liberté et sérénité.
Là encore, je ne dis pas que je partage leur vision des relations humaines (je vois mal, à vrai dire, comment ne pas s'attacher aux êtres que nous aimons, sauf à renoncer à l'amour, ce que je ne puis). Mais à tout le moins, elle nous incite à une réflexion qui peut, il me semble, être parfois précieuse. Citons, à cet égard, un petit texte d'Épictète, que les maîtres tibétains auraient d'ailleurs pu signer :

« **Le premier et principal exercice, celui qui mène d'emblée aux portes du bien** (Épictète s'adresse ici à son disciple, c'est un conseil qu'il lui donne), **c'est, lorsqu'une chose nous attache, de considérer qu'elle n'est pas de celles qu'on ne peut pas nous enlever, qu'elle est du même genre qu'une marmite ou une coupe de cristal, dont on ne se trouble pas quand elle se brise, parce qu'on se rappelle ce qu'elle est – c'est-à-dire quelque chose de fragile qui peut disparaître d'une seconde à l'autre. Il en est de même ici. Si tu embrasses ton enfant, ton frère ou ton ami, ne t'abandonne pas sans réserve à ton imagination. Rappelle-toi que tu aimes un mortel, un être qui n'est aucunement toi-même. Il t'a été accordé pour le moment,**

LA PRATIQUE DU NON-ATTACHEMENT DOIT SE METTRE EN PLACE DANS UNE CERTAINE FORME DE SOLITUDE, GRÂCE À DES EXERCICES DE SAGESSE APPROPRIÉS À LA VIE MONASTIQUE OU, DU MOINS, À LA VIE D'ERMITE

mais pas pour toujours, ni sans qu'il puisse t'être enlevé. Quel mal y a-t-il à murmurer entre ses dents, tout en embrassant son enfant : "Demain, il mourra ?" »

Comme ne cesse d'y insister le dalaï-lama, le véritable sage, pour ne pas s'attacher, a hautement intérêt à vivre seul – du grec *monos* : qui à donné « moine » et « monastère » en français – s'il ne veut pas céder aux inévitables attachements qu'engendre la vie familiale. Il est bien difficile d'avoir des enfants sans s'attacher à eux. Serait-ce, du reste, vraiment souhaitable ? La pratique du non-attachement doit se mettre en place dans une certaine forme de solitude, grâce à des exercices de sagesse appropriés à la vie monastique ou, du moins, à la vie d'ermite. On peut adhérer ou non à certains pans d'une pensée philosophique sans être obligé de l'accepter dans sa totalité. J'en reviens toujours à cette métaphore : les grands systèmes philosophiques – ou les grandes visions du monde philosophiques, si on ne veut pas employer le terme de « système », qui est une notion moderne, très connotée métaphysiquement – sont comme des palais magnifiques, comme des châteaux qu'il faut prendre le temps de visiter avant de les critiquer. J'espère vous avoir donné ici quelques clés pour vous repérer dans cette grande spiritualité laïque qu'est malgré tout la pensée grecque telle que nous avons pu la suivre d'Hésiode aux stoïciens.

Luc Ferry

POUR ALLER PLUS LOIN

GLOSSAIRE

BIBLIOTHÈQUE

● Étymologiquement, une bibliothèque est un meuble qui contient des livres, mais ce terme désigne, parfois, non pas une bibliothèque au sens moderne du terme, mais un « livre de livres », autrement dit un recueil contenant toutes les connaissances dont on disposait alors sur un sujet donné. La *Bibliothèque* d'Apollodore est ainsi un livre écrit au IIe siècle, qui tente de regrouper tout le savoir disponible touchant la mythologie, l'une des sources les plus complètes dont nous disposions en ce qui concerne l'Antiquité grecque.

GÉANTS

● Les Géants sont des êtres terrifiants, nés à la suite de la castration d'Ouranos, du sang de Ciel tombé sur Terre. Ils sont sortis, véritables guerriers, tout armés et tout casqués de la terre, résolument dédiés à la violence. Hésiode n'en dit pas davantage sur leur compte, mais d'autres récits rapportent leur révolte contre les dieux et la terrible bataille qui s'ensuivit, la Gigantomachie, à laquelle Héraclès prit part pour apporter son aide aux dieux.

GIGANTOMACHIE

● La Gigantomachie est le nom de ce combat sans merci qui va opposer les Géants aux Olympiens. En effet, ces Géants, êtres intermédiaires entre les dieux et les hommes, possèdent la particularité d'être à la fois mortels et immortels. Immortels s'ils peuvent soit toucher le sol, soit manger une herbe que fait pousser leur mère, Gaïa ; ou mortels s'ils sont tués à la fois par un dieu et par un mortel ou un demi-dieu, ce qui explique qu'Héraclès soit venu apporter son concours aux Olympiens au cours de la Gigantomachie.

HÉRACLÈS

● Héraclès est le fruit des amours de Zeus et d'une mortelle, Alcmène. Il est sans doute le héros grec le plus célèbre, connu pour sa bravoure, ses exploits fabuleux et son sens de la justice. Il existe de multiples variantes contant l'histoire de sa vie, mais il n'y a guère que sur quelques points, et en l'occurrence trois, que ces différents textes convergent et encore n'est-ce que de manière très approximative : sa naissance, ses fameux « douze travaux » et enfin sa mort précédant son « apothéose », c'est-à-dire son passage du statut d'être humain à celui d'immortel. Le nom « Héraclès » signifie « la gloire d'Héra » : c'est elle, en effet, qui lui impose d'accomplir pour sa gloire les fameux « douze travaux », ayant le secret espoir que cet enfant né des amours illicites de Zeus sera tué au cours de l'une ou l'autre de ces épreuves...

HÉSIODE

● Poète grec dont on pense qu'il vivait aux environs du VIIe siècle avant Jésus-Christ, et qu'il serait né à Ascra, petit bourg pauvre de Béotie. Hésiode a souvent été comparé à Homère, dont on en fait l'égal. On lui attribue la paternité de la Théogonie, du *Bouclier d'Héraklès*, ainsi que celle du poème *Les Travaux et les Jours*, composé après une dispute avec son frère. Ce texte décrit entre autres le fameux épisode de la « boite de Pandore », mais aussi, dans une dernière partie, les cycles naturels des travaux agricoles se déroulant tout au long de l'année, ce qui constitue dans ce domaine un témoignage précieux.

ITHAQUE

● Ithaque est la ville de naissance d'Ulysse dont il devient le roi à la suite de son père, Laërte. Lorsque Homère évoque le royaume d'Ulysse, il parle de quatre îles correspondant à l'actuel archipel des îles ioniennes au large de la côte occidentale de la Grèce. Ulysse quitte Ithaque au moment du déclenchement de la guerre de Troie et mettra vingt ans avant de pouvoir y revenir.

MÉTIS

● Déesse de l'intelligence et de la ruse, Métis est la fille d'Océan et de Téthys. Elle est la première épouse de Zeus auquel elle apporte une aide ô combien précieuse en lui fournissant le breuvage qui amènera Cronos à recracher tous ses enfants, qu'il a avalés, autrement dit les frères et sœurs de Zeus. De même, en étant avalée par le maître de l'Olympe, qui craint que Métis ne mette au monde un garçon qui lui prendrait sa place, la déesse permet à Zeus, grâce à l'intelligence dont il est à présent doté, de posséder un atout crucial pour l'aider dans sa lutte contre les Titans.

MOIRES

● Filles de Zeus et de Thémis, la déesse de la justice, les Moires sont des divinités qui règlent le destin des hommes, mais également celui des dieux. Il est dit que Clotho, la « fileuse », Lachésis, le « sort » et Atropos, l' « inflexible », décident de la durée de vie des hommes à l'aide d'un fil que la première file, que la deuxième enroule et que la dernière coupe enfin quand il est décidé que le temps est venu. Les Moires résident dans les enfers, non loin d'Hadès dont elles contribuent à peupler le royaume.

OLYMPIENS

● Les Olympiens sont les divinités grecques qui vivent au sommet du mont Olympe et dont Zeus est le plus puissant. Leur nombre peut varier et monter jusqu'à quatorze. Ce sont : Zeus, Héra, Poséidon, Arès, Héphaïstos, Athéna, Apollon, Artémis, Hermès, Hadès, Déméter, Hestia, Aphrodite et Dionysos.

PAN (OU ÉGIPAN)

● Pan ou Égipan (son autre nom selon les versions) est l'un des enfants du dieu Hermès. Il est connu comme le dieu des bergers et des troupeaux. Il serait aussi l'inventeur d'une flûte confectionnée à partir de sept roseaux, flûte qu'il nomme « syrinx », du nom de la nymphe dont il était tombé amoureux, mais qui s'était changée en roseau pour lui échapper. Pan, avec ses deux cornes sur la tête et son corps velu qui se termine par des pieds de bouc, suscite souvent chez les nymphes qu'il poursuit une peur « panique ».

PLÉIADES

● Au nombre de sept, les Pléiades sont les filles du Géant Atlas et de Pléioné, fille d'Océan et de Thétys. Elles seront divinisées par Zeus et deviendront les étoiles de la constellation qui porte leur nom. À l'exception de Méropé qui épousa un mortel, Sisyphe, et dont l'étoile sera de ce fait la moins brillante de la constellation, les six autres Pléiades se sont toutes unies à des divinités : Maïa, l'une d'elles, est la mère d'Hermès, le fils qu'elle a eu avec Zeus.

PSEUDO-APOLLODORE

● Tel est le nom que l'on a donné à l'auteur de la *Bibliothèque*, que l'on croyait auparavant avoir été écrite par l'érudit Apollodore d'Athènes, élève d'Aristarque à Alexandrie aux environs du IIe siècle av. J.-C. Sur le pseudo-Apollodore, on ne connaît pas grand-chose si ce n'est qu'il a vécu sans doute, si l'on en croit ses sources et son style, au IIe siècle ap. J.C., époque à laquelle la *Bibliothèque* semble avoir été écrite.

TARTARE :

● Tartare, tout à la fois divinité et lieu, est présenté aussi bien dans les poèmes d'Homère que dans la *Théogonie* comme étant la partie la plus profonde du cosmos, nichée au cœur des enfers. C'est avant tout un lieu brumeux, plein de moisissures, toujours plongé dans les ténèbres, entouré par des fleuves aux eaux boueuses, des marécages nauséabonds. C'est dans ce lieu que l'on retrouvera les morts, les dieux déchus, comme les Titans et les Géants. On y accède après avoir franchi d'énormes portes de bronze, gardées par Cerbère.

THÉOGONIE

● Ce poème écrit par Hésiode est sans doute le plus complet que la Grèce nous ait laissé relatant, comme son nom l'indique – « du grec *theos* , « dieu », et *gennaô*, « engendrer » –, la naissance de l'univers et des dieux à travers le développement des forces primordiales que sont Chaos, Gaïa, Tartare et Éros, puis Pontos et Ouranos que Gaïa fait naître d'elle-même. Le poème montre comment du chaos et de la confusion originels va peu à peu naître un besoin de cosmos harmonieux et paisible, dont Zeus sera le principal édificateur après avoir livré un combat sans merci aux forces primitives du chaos représentées entre autres par les Titans et les Géants.

TITANOMACHIE

● La « Titanomachie » fait référence à la guerre qui a opposé les Olympiens aux Titans. Zeus, désirant établir un cosmos empli de paix, d'ordre et d'harmonie, doit affronter les Titans, ces forces primitives du chaos qui ne veulent que le désordre et la violence. Pour ce faire, il s'adjoint non seulement le concours des autres Olympiens, mais également celui des Cyclopes et des Hécatonchires qu'il a délivrés des entrailles de la terre et qui, reconnaissants, lui apportent leur soutien.

TITANS

● Au nombre de douze, six hommes et six femmes (les Titanes ou Titanides), les Titans, enfants d'Ouranos et de Gaïa, font partie de la première génération divine. Le plus jeune d'entre eux, Cronos, donnera naissance à la génération des Olympiens. Ces êtres d'une force colossale, très proches du chaos original, sont avant tout dédiés à la guerre et à la violence. Ils perdent cependant le combat qui les oppose à Zeus et se retrouvent enchaînés dans le Tartare, gardés par le chien Cerbère et par les Hécatonchires.

TYPHON

● Typhon est le monstre terrible que Gaïa engendre avec Tartare et qui est sans doute, de tous les monstres que Zeus va devoir affronter dans le but d'instaurer un cosmos harmonieux, le plus redoutable et le plus terrifiant : si grand qu'il dépasse toutes les montagnes et que sa tête même se cogne aux étoiles, tandis que ses bras enveloppent les pôles. Typhon est finalement vaincu par Zeus, écrasé par le mont Etna que le roi de l'Olympe a lancé sur lui. Il serait le père d'une quantité impressionnante de créatures monstrueuses, notamment d'une partie de celles qu'Héraclès devra affronter au cours de ses douze travaux.

ULYSSE

● L'*Odyssée*, poème de vingt-quatre chants attribué à Homère, conte notamment les aventures d'Ulysse, le roi grec de la ville d'Ithaque. Après avoir fait gagner à son camp la guerre contre les Troyens, grâce à la fameuse ruse du cheval de Troie, Ulysse n'a plus qu'une idée en tête, regagner sa ville natale et y retrouver sa femme Pénélope et son fils Télémaque. La guerre contre Troie a duré dix ans, et il faudra encore dix longues années à Ulysse pour regagner son pays après de multiples aventures.

Brigitte de Zélicourt

EXPRESSIONS MYTHOLOGIQUES

UNE PEUR PANIQUE

● Les Satyres, dont les plus vieux reçoivent parfois le nom de « Silènes », sont de bien étranges créatures. Leur tête, au visage humain, est hérissée d'une barbe et d'une tignasse hirsutes. Sur leur front poussent deux cornes. Leur buste, poilu, est celui d'un homme mais leurs membres inférieurs ressemblent, selon les époques, aux pattes d'un bouc ou d'un cheval. Ils ont une longue queue, un nez épaté, des lèvres énormes et un membre digne de Priape (le dieu de la Fécondité, auquel ils se joignent pour escorter Dionysos). Leur taille est toutefois bien petite. Leur appétit sexuel n'est jamais assouvi. Bref, ils ont de quoi faire peur. Pan est le plus effrayant d'entre eux et le plus entreprenant auprès des jeunes et jolies nymphes qui, bien sûr, ne cessent de le fuir.
À chacune de ses apparitions – et le dieu cornu se fait un malin plaisir à toujours les surprendre –, leur sang ne fait qu'un tour et la peur subite pousse les jeunes ingénues à prendre les jambes à leur cou. Cette peur fut naturellement qualifiée de panique puisque originellement inspirée par Pan. Parce qu'une telle émotion vous fait imaginer les pires conséquences, elle vous empêche d'affronter le danger et vous incite à fuir.
Présent en français dès 1534 (*terreur panice*), l'adjectif s'est substantivé en 1835. Quant au verbe *paniquer*, il est de création récente, car attesté seulement en 1937.

UNE FLÛTE DE PAN

● La locution désigne un instrument à vent dont l'origine remonte à la plus haute Antiquité et que l'on trouve sur tous les continents. Faite d'un assemblage de tuyaux de différentes longueurs (généralement sept) que le musicien déplace latéralement sous les lèvres, la flûte de Pan peut exprimer des sons et des timbres particulièrement émouvants. Pour bien des gens, l'instrument est caractéristique des musiques traditionnelles andines et des groupes constitués au Pérou, en Bolivie, en Équateur. Nous voilà bien loin de la Grèce antique ou, selon la tradition, la flûte de Pan aurait vu le jour.
Voici l'histoire : Syrinx était une nymphe, selon les auteurs, hamadryade, vivant, comme il se doit en Arcadie. Comme toutes les nymphes, elle était poursuivie par les Satyres (Faunes chez les Romains), ces démons mi-hommes mi-boucs, munis d'un membre viril dont les dimensions étaient à l'image de leur ardeur sexuelle. Le premier d'entre eux, Pan, fils d'Hermès et dieu des bergers d'Arcadie, tombe amoureux de Syrinx mais la jeune nymphe, comme Daphné, s'est vouée au culte d'Artémis et a fait serment de rester vierge. Il en faut plus pour décourager notre Satyre devant qui elle fuit, éperdue, jusqu'à ce que le dieu-fleuve Ladon l'empêche d'aller plus loin. Alors, Syrinx, au désespoir, supplie ses sœurs de bien vouloir la métamorphoser. Son vœu est exaucé : elle est sur-le-champ transformée en roseaux. L'air y fait naître de doux sons. Pan, séduit par la mélodie, décide que ces roseaux seront le bois dont il fera sa flûte. Il les rassemble et donne à l'instrument le nom de la nymphe.

L'histoire se trouve dans *Les Métamorphoses* d'Ovide (I, 690-712*). Syrinx est donc l'autre nom de la flûte de Pan**.
La légende ne pouvait, évidemment, que séduire poètes et musiciens. Deux exemples : Claude Debussy intitule *Syrinx* une pièce pour flûte traversière solo, écrite en 1912. À l'origine, cette mélodie accompagnait les derniers instants de Pan dans une pièce de Gabriel Mourey dont le titre Psyché.
On attribue à Théocrite, poète grec (v. 315-v. 250 av. J.-C.) un poème, *La Syrinx*, où l'auteur consacre à Pan sa flûte pastorale : il est composé de dix dizains dont les vers sont de plus en plus courts, évoquant ainsi les tuyaux de la flûte de Pan.

*Selon une autre légende, l'invention de l'aulos, flûte à deux tuyaux, serait due à Athéna, mais elle aurait été utilisée pour son malheur par un autre Satyre célèbre, Marsyas, Athéna ayant jeté un sort fatal contre celui qui utiliserait l'instrument qu'elle avait inventé et qu'elle avait rejeté parce qu'il déformait son visage et l'enlaidissait quand elle en jouait
**Syrinx désigne aussi, par analogie, le larynx inférieur des oiseaux, grâce auquel ils émettent leurs vocalises.

UNE ÉRUPTION VOLCANIQUE

● Pour ne pas être en rupture de stock, Jupiter lui passe régulièrement commande de ses foudres, les dieux et les héros, de leurs armes. Notre personnage s'exécute, aidé par les Cyclopes, dans des ateliers situés sous certaines montagnes qui recrachent de gigantesques flammes, éruptions jaillies de ses non moins gigantesques forges. C'est lui qui a enchaîné Prométhée au sommet du Caucase où un aigle vient lui ronger le foie : le Titan aurait dû y réfléchir à deux fois avant de lui dérober le feu pour l'offrir aux mortels ! Son nom ? Vulcain, dieu romain du Feu et des Métaux, identifié à l'Héphaïstos des Grecs. En italien, les montagnes incandescentes dont la gueule est réputée cracher le feu de ses forges prirent tout naturellement le nom de Vulcano, devenu plus tard Volcano. Dès 1356, le mot passe en français sous la forme Vulcan, nom propre désignant d'abord l'Etna dans les Voyages de l'explorateur et géographe Jehan de Mandeville.
Devenu commun en 1598 sous la forme *volcan*, le mot s'appliqua d'abord aux seuls volcans vraiment connus à l'époque : ceux du monde méditerranéen, Vésuve, Etna, Stromboli, etc. Notons d'ailleurs qu'une des sept îles volcaniques connues sous le nom d'îles Éoliennes ou Lipari a justement été baptisée Vulcano. De volcan sont dérivés volcanique (1778 ; *vulcanique* chez Littré), *volcanisme* (1842), *volcanologie* (1890) ou *vulcanologie*, *vulcanologues* (1910) ou *volcanologues*. On retrouve Vulcain dans *vulcanisation* (1853) mais le dieu a aussi donné directement son nom à un petit papillon rouge et noir (famille des vanesses) ainsi qu'à *vulcanales* (1765), « fêtes en l'honneur de Vulcain. »

SACRIFIER SUR L'AUTEL DE...

● Sacrifier vient du latin *sacrificare*, construit sur *sacrum facere**, « faire un acte sacré ». L'acte sacré par excellence est l'offrande d'un animal faite aux dieux. Selon Hésiode, Prométhée aurait été l'initiateur de cette pratique rituelle. Mais ayant essayé de tromper Zeus en lui attribuant la mauvaise part, c'est-à-dire les os dissimulés sous une bonne couche de graisse croustillante, tandis que la viande qu'il réservait aux hommes était elle recouverte d'affreux viscères, il s'attira la colère du père des dieux et des hommes : « Depuis ce temps, la terre voit les tribus des hommes brûler en l'honneur des dieux les blancs ossements des victimes sur les autels parfumés*. » (*Théogonie*, 558, traduction d'Anne Bignan.) Cet épisode mythologique ouvre la voie à une longue série de sacrifices. Chez les Romains, taureaux noirs ou blancs (ces derniers étaient réservés aux dieux supérieurs), boucs, chèvres, brebis, porcs étaient offerts aux divinités, chacune d'elle ayant son animal sacrificiel. Dans son *Histoire de Rome* (*Ab urbe condita libri*), l'historien Tite-Live nous décrit les sacrifices humains opérés par l'armée samnite ; les victimes étaient les hommes mobilisables qui refusaient de rejoindre l'armée : ils étaient égorgés et leur tête était consacrée à Jupiter (livre X, *Guerres samnites et guerres italiques*, chapitre 38, Rites de consécration dans l'armée samnite). Toutes les religions ont ou ont eu leurs rites sacrificiels.

*Le français « sacrum » a la même étymologie, l'os étant ainsi nommé soit parce qu'il était offert aux dieux lors des sacrifices d'animaux, soit parce qu'il soutenait les entrailles de l'animal sacrifié.

Par Jean Maillet, d'après *500 expressions populaires* (Éditions de l'Opportun)

EXTRAITS

MANUEL D'ÉPICTÈTE

Traduction de Jean-François Thurot, 1899.

III. À propos de tout objet d'agrément, d'utilité ou d'affection, n'oublie pas de te dire en toi-même ce qu'il est, à commencer par les moins considérables. Si tu aimes une marmite, dis : « C'est une marmite que j'aime ; » alors, quand elle se cassera, tu n'en seras pas troublé : quand tu embrasses ton enfant ou ta femme, dis-toi que c'est un être humain que tu embrasses ; et alors sa mort ne te troublera pas.

V. Ce qui trouble les hommes, ce ne sont pas les choses, ce sont les jugements qu'ils portent sur les choses. Ainsi la mort n'a rien de redoutable, autrement elle aurait paru telle à Socrate ; mais le jugement que la mort est redoutable, c'est là ce qui est redoutable. Ainsi donc quand nous sommes contrariés, troublés ou peinés, n'en accusons jamais d'autres que nous-même, c'est-à-dire nos propres jugements. Il est d'un ignorant de s'en prendre à d'autres de ses malheurs ; il est d'un homme qui commence à s'instruire de s'en prendre à lui-même ; il est d'un homme complètement instruit de ne s'en prendre ni à un autre ni à lui-même.

VIII. Ne demande pas que ce qui arrive arrive comme tu désires ; mais désire que les choses arrivent comme elles arrivent, et tu seras heureux.

XVI. Quand tu vois quelqu'un qui pleure, soit parce qu'il est en deuil, soit parce que son fils est au loin, soit parce qu'il a perdu ce qu'il possédait, prends garde de te laisser emporter par l'idée que les accidents du dehors qui lui arrivent sont des maux. Rappelle-toi sur-le-champ que ce qui l'afflige ce n'est pas l'accident, qui n'en afflige pas d'autre que lui, mais le jugement qu'il porte sur cet accident. Cependant n'hésite pas à lui témoigner, au moins des lèvres, ta sympathie, et même, s'il le faut, à gémir avec lui ; mais prends garde de gémir du fond de l'âme.

XXVI. On peut reconnaître ce que veut la nature aux choses sur lesquelles nous ne différons pas d'avis entre nous. Ainsi, quand l'esclave d'un autre casse sa coupe, nous avons aussitôt sur les lèvres : « Cela se voit tous les jours. » Sache donc que quand on cassera ta coupe, tu dois être tel que tu es quand on casse celle d'un autre. Applique cette réflexion à des événements plus importants. Quelqu'un perd son fils ou sa femme ? Il n'est personne qui ne dise : « C'est la condition de l'humanité. » Mais quand on fait cette perte soi-même, aussitôt de dire : « Hélas ! que je suis malheureux ! » Il faudrait pourtant se rappeler ce qu'on éprouve en l'entendant dire d'un autre.

ÉPICURE, LETTRE À MÉNÉCÉE

Traduction d'Octave, Hamelin, 1910.

[...]
Ainsi celui de tous les maux qui nous donne le plus d'horreur, la mort, n'est rien pour nous, puisque, tant que nous existons nous-mêmes, la mort n'est pas, et que, quand la mort existe, nous ne sommes plus. Donc la mort n'existe ni pour les vivants ni pour les morts, puisqu'elle n'a rien à faire avec les premiers, et que les seconds ne sont plus. Mais la multitude tantôt fuit la mort comme le pire des maux, tantôt l'appelle comme le terme des maux de la vie.

Le sage, au contraire, ne fait pas fi de la vie et il n'a pas peur non plus de ne plus vivre : car la vie ne lui est pas à charge, et il n'estime pas non plus qu'il y ait le moindre mal à ne plus vivre. De même que ce n'est pas toujours la nourriture la plus abondante que nous préférons, mais parfois la plus agréable, pareillement ce n'est pas toujours la plus longue durée qu'on veut recueillir, mais la plus agréable. Quant à ceux qui conseillent aux jeunes gens de bien vivre et aux vieillards de bien finir, leur conseil est dépourvu de sens, non seulement parce que la vie a du bon même pour le vieillard, mais parce que le soin de bien vivre et celui de bien mourir ne font qu'un. On fait pis encore quand on dit qu'il est bien de ne pas naître, ou, « une fois né, de franchir au plus vite les portes de l'Hadès ». Car si l'homme qui tient ce langage est convaincu, comment ne sort-il pas de la vie ? C'est là en effet une chose qui est toujours à sa portée, s'il veut sa mort d'une volonté ferme. Que si cet homme plaisante, il montre de la légèreté en un sujet qui n'en comporte pas. Rappelle-toi que l'avenir n'est ni à nous ni pourtant tout à fait hors de nos prises, de telle sorte que nous ne devons ni compter sur lui comme s'il devait sûrement arriver, ni nous interdire toute espérance, comme s'il était sûr qu'il dût ne pas être.

Il faut se rendre compte que parmi nos désirs les uns sont naturels, les autres vains, et que, parmi les désirs naturels, les uns sont nécessaires et les autres naturels seulement. Parmi les désirs nécessaires, les uns sont nécessaires pour le bonheur, les autres pour la tranquillité du corps, les autres pour la vie même. Et en effet une théorie non erronée des désirs doit rapporter tout choix et toute aversion à la santé du corps et à l'ataraxie de l'âme, puisque c'est là la perfection même de la vie heureuse.

Car nous faisons tout afin d'éviter la douleur physique et le trouble de l'âme. Lorsqu'une fois nous y avons réussi, toute l'agitation de l'âme tombe, l'être vivant n'ayant plus à s'acheminer vers quelque chose qui lui manque, ni à chercher autre chose pour parfaire le bien-être de l'âme et celui du corps. Nous n'avons en effet besoin du plaisir que quand, par suite de son absence, nous éprouvons de la douleur ; et quand nous n'éprouvons pas de douleur nous n'avons plus besoin du plaisir.

Portrait d'Épicure.
Copie romaine
d'après un original grec
du IIIe siècle av. J.-C.

C'est pourquoi nous disons que le plaisir est le commencement et la fin de la vie heureuse. En effet, d'une part, le plaisir est reconnu par nous comme le bien primitif et conforme à notre nature, et c'est de lui que nous partons pour déterminer ce qu'il faut choisir et ce qu'il faut éviter ; d'autre part, c'est toujours à lui que nous aboutissons, puisque ce sont nos affections qui nous servent de règle pour mesurer et apprécier tout bien quelconque si complexe qu'il soit. Mais, précisément parce que le plaisir est le bien primitif et conforme à notre nature, nous ne recherchons pas tout plaisir, et il y a des cas où nous passons par-dessus beaucoup de plaisirs, savoir lorsqu'ils doivent avoir pour suite des peines qui les surpassent ; et, d'autre part, il y a des douleurs que nous estimons valoir mieux que des plaisirs, savoir lorsque, après avoir longtemps supporté les douleurs, il doit résulter de là pour nous un plaisir qui les surpasse. Tout plaisir, pris en lui-même et dans sa nature propre, est donc un bien, et cependant tout plaisir n'est pas à rechercher ; pareillement, toute douleur est un mal, et pourtant toute douleur ne doit pas être évitée.

En tout cas, chaque plaisir et chaque douleur doivent être appréciés par une comparaison des avantages et des inconvénients à attendre. Car le plaisir est toujours le bien, et la douleur le mal ; seulement il y a des cas où nous traitons le bien comme un mal, et le mal, à son tour, comme un bien. C'est un grand bien à notre avis que de se suffire à soi-même, non qu'il faille toujours vivre de peu, mais afin que si l'abondance nous manque, nous sachions nous contenter du peu que nous aurons, bien persuadés que ceux-là jouissent le plus vivement de l'opulence qui ont le moins besoin d'elle, et que tout ce qui est naturel est aisé à se procurer, tandis que ce qui ne répond pas à un désir naturel est malaisé à se procurer. En effet, des mets simples donnent un plaisir égal à celui d'un régime somptueux si toute la douleur causée par le besoin est supprimée, et, d'autre part, du pain d'orge et de l'eau procurent le plus vif plaisir à celui qui les porte à sa bouche après en avoir senti la privation.

L'habitude d'une nourriture simple et non pas celle d'une nourriture luxueuse, convient donc pour donner la pleine santé, pour laisser à l'homme toute liberté de se consacrer aux devoirs nécessaires de la vie, pour nous disposer à mieux goûter les repas luxueux, lorsque nous les faisons après des intervalles de vie frugale, enfin pour nous mettre en état de ne pas craindre la mauvaise fortune. Quand donc nous disons que le plaisir est le but de la vie, nous ne parlons pas des plaisirs des voluptueux inquiets, ni de ceux qui consistent dans les jouissances déréglées, ainsi que l'écrivent des gens qui ignorent notre doctrine, ou qui la combattent et la prennent dans un mauvais sens. Le plaisir dont nous parlons est celui qui consiste, pour le corps, à ne pas souffrir et, pour l'âme, à être sans trouble.

Car ce n'est pas une suite ininterrompue de jours passés à boire et à manger, ce n'est pas la jouissance des jeunes garçons et des femmes, ce n'est pas la saveur des poissons et des autres mets que porte une table somptueuse, ce n'est pas tout cela qui engendre la vie heureuse, mais c'est le raisonnement vigilant, capable de trouver en toute circonstance les motifs de ce qu'il faut choisir et de ce qu'il faut éviter, et de rejeter les vaines opinions d'où provient le plus grand trouble des âmes. Or, le principe de tout cela et par conséquent le plus grand des biens, c'est la prudence. Il faut donc la mettre au-dessus de la philosophie même, puisqu'elle est faite pour être la source de toutes les vertus, en nous enseignant qu'il n'y a pas moyen de vivre agréablement si l'on ne vit pas avec prudence, honnêteté et justice, et qu'il est impossible de vivre avec prudence, honnêteté et justice si l'on ne vit pas agréablement. Les vertus en effet, ne sont que des suites naturelles et nécessaires de la vie agréable et, à son tour, la vie agréable ne saurait se réaliser en elle-même et à part des vertus. [...]